公務員のためのハラスメント“ゼロ”の教科書

元・人事院公務員研修所主任教授
高嶋直人 著

ぎょうせい

まえがき

この本は、読者を公務員に特化して、ハラスメントの防止を組織マネジメント上の課題と位置づけて書いた本です。

すでにハラスメントの防止に関する本が多数出版されています。しかし、その多くは全ての職業に共通した内容です。また、それらの本は次の四つに大きく分類することができますが、組織マネジメント上の課題として書かれたものはほとんど存在しません。

・ハラスメントを人権問題として取り上げ、主に個人の権利保護の観点から語る弁護士等の法律の専門家によるもの
・ハラスメントをメンタルヘルス上の課題として取り上げ、主にハラスメントが発生した後の適切な対応について語る臨床心理士等の医学の専門家によるもの
・ハラスメントを社会的問題として取り上げ、主に社会的な病理現象の分析結果について語る社会学者等の研究者によるもの
・その他既存の各分野におけるこれまでの知見をハラスメントと関連づけて紹介する様々な

ジャンルの専門家によるもの

これらの本を読み、様々な角度からハラスメントを理解し、自分の知識を増やすことも、もちろんハラスメントの防止に役立ちます。

しかし、私は「公務員に特化した内容」を「組織マネジメント上の課題」として取り上げた本こそが、公務員個々人が自らハラスメントを起こさない、または、自分の所属する役所からハラスメントを発生させないために一番効果的であり、ぜひとも必要ではないかと考えます。

その理由は、次の二つです。

・公務員のハラスメントに関するルールが、民間と大きく違っていること。

（ハラスメントに関する一般の法律上の規定が、国家公務員についてはことごとく適用が除外され、人事院規則で独自のルールが定められています。そして多くの自治体が国家公務員と同じルールを設定していることが主な理由です。）

・公務員個々人に求められるのは、ハラスメントの専門的な知識を持つことではなく、組織内で日々の業務執行とハラスメント防止をいかに両立させるかという具体的な行動であること。

（「わかっているけどやめられない」では意味がありません。）

「公務員には民間と違うルールが適用されている」こととの関係で注意が必要なのは、「公務員向けのハラスメント研修」という触込みの研修でも、実際には民間向けの研修と同じ内容であることも少なくないということです。多くの場合、自分の所属する役所のハラスメントのルールは一般の法律が定めるルールより厳しいのですが、民間を前提とした研修では、この違いが正しく理解できず、足をすくわれてしまいます。研修で講師がセーフと言っていたことが実は部内規程上はアウトであり、懲戒処分を受けてしまうことさえあり得ます。

「単なる知識ではなく具体的な行動が求められる」こととの関係で注意が必要なのは、ルールに関する理解だけでは不十分であるということです。ルールを正しく理解することはハラスメント防止の必要条件ですが、十分条件ではありません。単に「してはならない」と理解するだけでは、「してしまう」可能性が相対的に高くなります。野球に例えるならば、「高めの球に手を出さない」と頭で考えるだけでは、実際には手を出してしまいます。「低めの球を打つ」スキルをしっかりと身につけて初めて高めの球に手を出さなくなるのです。

また、ハラスメントを服務上の問題とだけ捉えると、できるだけ人との関わりを少なくしようと考える人が発生します。人間関係を希薄にして人と人との距離を広げることでリスクを回避しようと発想するのです。しかし、それは大きな間違いと言わざるを得ません。組織で仕事をする以上、組織としての成果を最大化させる責任を全員が負っています。組織の一員としての責任を放棄することは許されません。公務員の場合、もし「悪いことはしないが良いこともしない」とすれば、最終的には住民を犠牲にしてしまいます。「悪いことはしないが良いこともしない」のではなく、「悪いことをしないで良いことをする」ことを目標に設定し、ハラスメントの防止を積極的な課題と位置づけて取り組む姿勢が求められます。

本書は、「公務員のための教科書」シリーズとしては、前書「公務員のための人材マネジメントの教科書」（ぎょうせい）に続く二冊目です。また、私には「公務員のためのハラスメント防止対策」（ぎょうせい）という本があります。その本がタイトルどおり人事担当者向けに対策を中心に書かれているのに対して、本書は職員一人ひとりに向けて書いたものです。また、本書はパワハラ防止が法律で定められた新たな状況を踏まえて、法令で防止措置が定められた三つのハラスメント（パワハラ、セクハラ、マタハラ（パタハラ））を網羅しつつもコンパクトでわかりやすい「教科書」的な本として、この度全部新たに書き下ろしたものです。

この本を執筆している現在、新型コロナウイルス感染症の流行によって予定どおりの研修が実施できない状況が残念ながら全国各地で発生しています。しかも、その状況がパワハラの防止に関する法令が施行されるタイミングと重なってしまいました。そこで、本書が自習教材として研修の代替としても利用いただけるように、「紙の上での研修」を念頭に、できる限りわかりやすい記述を心がけました。本書をご活用いただき、ハラスメントの無い公務職場の実現に繋げていただければ幸いです。

令和2年6月

高嶋　直人

目 次

第2編　パワハラの基本的理解

第2章 パワハラ防止に求められる行動……72

第3編　セクハラの基本的理解

第4編 マタハラ(パタハラ)の基本的理解

第6編 参考資料

第1編

ハラスメントの基本的理解

Harassment

1 ハラスメントはなぜ許されないのか？

●犠牲者を出すマネジメントは許されない

ハラスメントをしてもよいと言う人はいません。しかし、ハラスメントは無くなっていません。本音ではハラスメントをそんなに悪いことだと思っていない職員がまだいることも理由の一つです。ハラスメントの防止措置を講ずることがなぜ法律で規定されているか。そのことを理解し、建前ではなく本音でもハラスメントは決して許されないと思えるようにしておくことが必要です。

2020年6月からパワハラの法規制が始まりました。これを機に、ハラスメントが許されない理由について、職員一人ひとり、このことを今一度深く考えてみてください。

決められたルールがあるから、又は、発覚したら処分されるからという消極的な理由からハラスメントをしないと考えるだけでは不十分です。職場からハラスメントを無くすよう、積極的に行動する必要があります。

なぜハラスメントは許されないのか。

その答えは、**ハラスメントは人権を侵害し、能力を発揮する障害となり、個人と組織の双方に甚大な被害を与える愚行**だからです。

仮に自分としては「相手のため」「組織のため」にやったと考えていたとしても、ハラスメントは相手のためにも組織のためにもなりません。特に、公務組織は管理者が日常的に行うマネジメントについての自由度が高く、自分が信じるスタイルで自由に行う傾向にあります。そのような環境に長く慣れ親しんできた人の中には、法律や組織内ルールにより、マネジメントが縛られることに納得がいかないという人がいます。

しかし、今回のパワハラの法規制が象徴するように、自分が信じるマネジメントスタイルを自由に展開できる時代は終わったと理解する必要があります。個人と組織の双方にとって望ましいマネジメントスタイルの範囲内でしかマネジメントをすることは許されないというべきでしょう。つまり、「犠牲者を出しながら成果を出す」マネジメントは、個人にも組織にも重大な損失を与えるマネジメントであり、許されないのです。

●モラルの問題からコンプライアンスの問題へ

また、別の言い方でこの変化を表すこともできます。ハラスメントは、「モラルの問題からコンプライアンスの問題になった」のです。コンプライアンスの問題となったことで、ハラスメントを自分勝手に解釈することは許されず、また、ルールを知らなかったではすまされなくなったのです。

しかし、ルールさえ守ればよいということではありません。コンプライアンスを「法令順守」と訳したことで、多くの人がコンプライアンスの意味を間違って狭く理解してしまっています。本来コンプライアンスは、ただ単に法令を守ればよいという意味ではなく、「自分に与えられた使命に忠実に行動する」という意味です。そういった意味で、「能力を十分に発揮し、組織に与えられた使命を果たすために組織成果を最大化するための行動」が求められており、それを阻害するような行動は許されないと理解する必要があります。

ハラスメントについて理解を深め、その防止の必要性を本音で納得し、他人事ではなく自分事と考えておきましょう。

Point

・ハラスメントは許されないものであることを本音で納得しておく。
・ハラスメントは、モラルの問題からコンプライアンスの問題へと変化している。
・自分勝手な解釈は許されない。
・ルールを知らなかったではすまされない。
・自分に与えられた使命に忠実な行動を目指そう。

2 公務組織が持つハラスメントを起こしやすい要素①
〝同質性〟

●似た者同士

民間企業にも当然ハラスメントがあります。しかし、ハラスメントを防止するには、その組織が持つハラスメントを起こしやすい特別な性質を理解しておく必要があります。公務組織にはどのような特性があるかを考えてみます。

まず挙げられるのが、「同質性」です。「似た者同士」という意味です。公務組織の場合、公務員試験など基本的に同じ基準の能力実証方法によって公平に採用がなされます。これは、多様性を一定程度犠牲にしても、公平性を優先すべきであるとの判断です（民間企業では、公平性よりも多様性を優先して予め男女比を決めて採用することも、成績順ではない採用をすることも可能です。）。公務組織における採用方法はそれ自体が問題であるという訳ではありませんが、同じものさしで人を測り採用することから、多様性の乏しい「同質性の高い」集団となる採用方法といえます。

その上、身分保障が手厚いこともあり、いわゆる外部流動性と呼ばれる「人の出入り」が極端に少ないのも公務組織の特徴です。同じ顔触れでずっと仕事をする環境下では、お互いに影響を与えあい、ますます「似た者同士」になります。

●外の変化に鈍感

同質性の高い集団、つまり、「似た者同士」の集まりではハラスメントが起きやすいと言われています。その理由にはいくつかあります。まず、自分達の思う正しさが絶対的なものであると思い始めるという点です。自分が属する組織の外で起きている変化に気づきにくく、たとえ気がついたとしても日常で接する人の意見に影響されて対応が遅れるのです。ハラスメント防止の意識が高まったことは、日本人や日本社会の価値観が大きく変化したことを示しています。この変化を正しく理解するには、メディアから得られる情報だけではなく、身近な人からの生の声を聴く必要もあるのですが、そのような機会が少ないと変化を実感できません。

●少数派の声が封じられる

「似た者同士」の集団でハラスメントが起きやすい二つ目の理由は、内部で声を上げにくいという点です。「似た者同士」だと議論なく多数意見が作られます。自分は違う意見を持っていたとしても、少数派の意見であると思うと発言することに勇気が必要となります。専門用語ではこのことを「同調圧力が強くなる」と表現します。いわゆる「長いものには巻かれよ」という意識が集団内に蔓延しやすくなるのです。そして、最後には「見て見ぬふり」や「臭い物には蓋」をして、間違った忖度や隠ぺいが始まります。

●風通しのよい職場

ハラスメントの防止には、外部の声を聴き、少数派の声が尊重される「風通しのよい職場」を作る必要があります。特に同質性の高い集団である公務組織は、「風通しの悪い職場」が構造的に作られやすいことに注意が必要です。

Point

・「似た者同士」の集団はハラスメントを起こしやすい。
・外の声を積極的に聴き、少数派の声を尊重する「風通しのよい職場」を作ろう。

3 公務組織が持つハラスメントを起こしやすい要素②
"権力性"

●公務には権力性が存在

ハラスメントを起こしやすい公務組織の特性として次に「権力性」が挙げられます。公務という性質上、濃淡はあるとしても多くの業務に少なからず権力性が含まれています。民間では、客に無理やり商品を買わせることはできません。しかし、公務では、住民に無理やり何かをしてもらうことがあります。最近は民間の接客スキルを学び、窓口業務における住民への対応は民間と大きな差はないかもしれません。しかし、それでも、業務内容によっては使命を全うするために住民にある行動をするよう強制せざるを得ない場合があります。

これは、公務の特性であり、また、このような内容の業務であるからこそ公務とされたともいえます。警察、消防などは典型ですが、それ以外の仕事でも時に権力を行使しなければ社会正義や公共の福祉が実現できないという場合があります。このような業務の性質上必要とされる権力の行使がハラスメント、特にパワハラへと繋がるとの見方があります。

●上意下達が人間関係に影響

権力の行使が必要とされる業務の場合、業務の執行上どうしても上意下達にならざるを得ません。それが自然と自分の行動様式となり、業務の執行上必要ではない場合でも上意下達のコミュニケーションスタイルが維持され、部下の意見を聞かなくなり、風通しが悪くなるということです。特に日本では、職場での人間関係とプライベートでの人間関係を切り替えることなく、連続性があるものと考え、その結果、職場での上下関係が人間関係の全てになる傾向があります。そうなると、部下は自由に意見を言いにくくなり、ハラスメントを受けていると感じてもそのことを上司などに言いにくい関係性が作られてしまうのです。

私は外交官時代に米国人の秘書と仕事をした経験がありますが、勤務時間中と勤務時間外ではっきりと関係性が切り替わっていました。また、米国の公務員を長年観察した経験もありますが、日本と比べて上司と部下の関係は職場での役割分担という意識が強く、全人格的な上下関係であるとは基本的に理解していません。

●日本社会、公務組織の文化がもたらす影響

公務組織が持つハラスメントを起こしやすい要素を理解するには、日本の独特な社会文化の中で公務組織が権力的要素を持つという構造的な背景を理解する必要があります。

Point

・公務には権力性が内在する。
・上意下達が人間関係にも影響する。
・日本の社会文化と公務組織の特性が重なり、構造的にハラスメントを起こしやすくしている。

4 公務組織が持つハラスメントを起こしやすい要素③ "無謬性"

●公務員はハラスメントをしない？

公務組織が持つもう一つの特性は、「無謬性」です。聞きなれない言葉ですが「謬」とは間違いという意味で、「間違ってはならない」ことが特に求められるという特性です。ハラスメントも間違いの一つです。もちろん、ハラスメントをしてはならないことは言うまでもありません。しかし、「公務員はハラスメントをしてはならない」ということが、「公務員はハラスメントをするはずがない」、さらには「公務員はハラスメントをしていない」と意味内容を変えてしまう危険性があります。

●ハラスメント発生後の対応がタブー視

そうなると、次の二つの問題が発生します。一つ目の問題は、「ハラスメントが起きる前提での対応策が疎かになってしまう」ことです。ハラスメントが発生した際、速やかに被害を受けた職員を救済するためには、あらかじめ様々なシミュレーションをしておくことが必要です。また、重大なハラスメントが発生すると外部に公表する必要もあります。その際は、「通常業務に支障を生じさせないこと」と「正しく情報を開示すること」の二つを両立させる必要があります。業務への支障を考慮して情報を隠すことは許されません。

ハラスメントの発生自体をタブー視せず、ハラスメントが起きることを前提とした対応をあらかじめ考えておくことが、ハラスメントに対する正しい対応に繋がります。

●極端な厳罰化による弊害

二つ目の問題は、「隠ぺいが始まる」ことです。公務員は決してハラスメントを起こしてはならないとして、些細なことまで厳しく罰するとどうなるでしょうか。基本的に厳罰化はコンプライアンス対策として有効ですが、過失による軽微な不祥事まで厳罰に処すと残念ながら人はその事を隠し始めます。道路交通法の厳罰化によってひき逃げが増えたことからも明らかです。厳罰化にはこのような副作用があることを理解し、軽微なハラスメントまで厳罰に処すことには慎重であるべきです。重大なハラスメントは厳しく、また、隠ぺい工作を行った場合にさらに厳しく罰することが重要です。
また、ハラスメントを行ったとされる職員に対して弁明機会を与えるなどの対応も必要です。さもなければ、処分を恐れて事実を隠ぺいしたり全面的に否定したりして、問題解決を困難にさせる可能性があります。

Point

・「公務員は間違ってはならない」とされる無謬性が逆にハラスメント防止を困難にさせる側面を持つ。
・「ハラスメントが起きることを前提とした準備」を疎かにしてはならない。
・極端な厳罰化は、隠ぺいや全面否定に繋がり、問題解決を逆に困難にさせてしまうこともある。

5 道義的、社会的責任まで問われる公務員

●公務員と住民（国民）の関係は信頼で成り立つ

この本は、「公務員のための」の本です。この本に書かれている内容の全てが公務員にだけ当てはまるものではありませんが、ハラスメントなどのコンプライアンス上の課題については、公務員に特化したことを知っておかなければ、大きな過ちを生みかねません。

一般的なハラスメント防止に関する本は、全ての職業に共通したものです。その結果、どのような言動をすれば法令違反になるか、そして、その境界線を裏付けるものとして過去の裁判例を紹介していたりします。公務員にとっても、そのようなことを正しく理解しておくことは当然意義のあることです。しかし、公務員の場合は、仮に「裁判に勝ったとしても道義的、社会的責任まで問われて組織を追われる」ことがあり得ます。

それは、公務員法に定める信用失墜行為に該当すると組織が認めて懲戒処分が行われる場合

だけではありません。仮に懲戒処分にまで至らない場合であっても、厳しく批判を受けて「自ら身を処す」ことが求められる場合があります。

公務員と住民（国民）との関係は信頼で成り立っています。ハラスメントは組織内の不祥事であり、住民（国民）に被害を与えていないと思うかもしれません。しかし、ハラスメントを起こすような間違った人権意識、価値観を持った者に公務を執行されたくないと住民（国民）が思うと、円滑に行政を執行することができなくなります。公務員が住民（国民）から信頼されていることが、行政の基盤ともいえるのです。

●ハラスメントの規程は頻繁に変わる

このように考えると、ハラスメントについても他のコンプライアンス上の課題と同様、公務員には厳しい行動規範が求められ、それを前提とした防止策を講ずる必要があることが理解いただけると思います。「公務員が民間企業を舞台としたこれまでのハラスメントに関する判例などを参考にして自らの行動規範を考えると間違いを犯す。」このように思い切った表現で私が警告を鳴らす理由は、公務員にはより厳しい行動規範が求められるからだけではありません。それは、パワハラが新たに法律で規制されたことなどを見てもあきらかなように、ハラスメントの規制に関する法令は頻繁に改められ、過去の判例だけを参考にハラスメントに該当するか否かを判断すること自体がとても危険だからです。

新たな法律上の規程が置かれると、当然のことながら裁判にも影響を与え、これまで裁判で責任を問われなかったような言動も今後は責任を問われる可能性があります。過去の判例から「裁判に負けない線」をハラスメントの境界線と理解することはそういった意味からも間違いです。

公務員には、より厳しい行動規範が求められることをしっかりと理解しておきましょう。

Point

- 行政活動は住民（国民）からの信頼の上に成り立っている。
- ハラスメントを起こして住民（国民）からの信頼を失うことは、公務員としての職責を果たしていないこととなる。
- 公務員は住民（国民）から道義的、社会的責任まで求められる。
- より厳しい行動規範を自らに課す気持ちを持とう。

6 法律で規制されているハラスメントには何があるか？

●法律で規制されているハラスメントの種類

２０２０年6月からパワハラについても法律上の規制がスタートし、これで主なハラスメントに対する法律上の規制が揃うこととなります。職員一人ひとりがハラスメントをしないためには、現在、法律で規制されているハラスメントにはどのようなものがあるかについて漏れなく知っておくことが必要です。

法律で規制されているハラスメントは、次の三種類です。

① **パワハラ**↓パワー・ハラスメント
② **セクハラ**↓セクシャル・ハラスメント
③ **マタハラ（パタハラ）**↓マタニティー・ハラスメント（パタニティー・ハラスメント）

根拠法もバラバラであり、また、徐々に規制が強化されるように改定されてきたことから、実は規制内容にも微妙な違いがあります。

また、本書ではこの三つの言葉を使って三種類で分類していますが、本書でマタハラ（パタハラ）としているハラスメントを妊娠・出産ハラスメントと育児介護休業等ハラスメントに分けて分類する場合もあります。

このように様々な分類方法があったり、用語の使い方も統一的でない主な原因は、次の二つです。

①　根拠法がバラバラである。

一般の法律では次のように根拠となる法律がバラバラです。

パワハラは、労働施策総合推進法

セクハラは、男女雇用機会均等法

マタハラ（パタハラ）は、男女雇用機会均等法と育児・介護休業法

そして、国家公務員は、労働施策総合推進法、男女雇用機会均等法それぞれのパワハラ、セクハラ防止に関する規定全てが適用されず人事院規則が適用されます。

一方、自治体職員は、個別紛争処理に関する規定等を除き労働施策総合推進法、男女雇用機会均等法が適用されますが、総務省も、自治体が部内規定を整備する際は、国家公務員に適用される

人事院の規則や通達を参考とすることを求めています。

これが、人事院規則が適用されない自治体職員もパワハラ、セクハラ防止に関しては、人事院規則を知る必要がある理由です。

なお、人事院のパワハラ、セクハラの基準は労働施策総合推進法、男女雇用機会均等法に比べて厳しいのですが、それだけ職員の権利保護が手厚いと言えます。

② セクハラ以外の用語は和製英語である。

ただし厚生労働省、人事院とも、和製英語である用語の中でも、パワハラは公式に用いる一方、マタハラ、パタハラという用語は用いていません。

●全体的な理解が必要

マタハラ（パタハラ）について本書のように一体的に捉えるか、それとも妊娠・出産等に関するハラスメントと育児・介護休業等に関するハラスメントの二つに分けるかで、全体を三つに分類するか、四つに分類するか変わってきます。それならば、どちらでもよく、たいした問題ではないと思われるかもしれませんが、マタハラという和製英語が曲者です。マタハラの「マタニティー」は母性を意味する英語です。「マタハラ」の対義語は、父性を意味する「パタニティー」と「ハラスメント」を組み合わせた「パタニティー・ハラスメント」略して「パタハラ」です。しかし、このマタハラという言葉が妊娠・出産等の女性職員へのハラスメントのみを示すか、それとも本来パタハラと言うべき育児等に関する男性職員へのハラスメントも意味するのか、はっきりしないのです。

マタハラという和製英語が、社会的に認知されてしまった後に「パタハラ」という新たな和製英語が作られたために混乱を招いてしまいました。皮肉な結果と言えます。

しかし、妊娠・出産等のハラスメントと育児・介護休業等のハラスメントの規制の内容は基本的に同じであり、一体的に理解した方が便利です。そこで、本書では、マタハラ（パタハラ）と言う用語で両者をまとめています。

これから法律で規制されるハラスメントは、知名度の高いパワハラとセクハラと比較的知名度の低いマタハラ（パタハラ）という組合せとなります。法律で規制されているハラスメントは、パワハラ、セクハラだけではなくマタハラ（パタハラ）もあることを理解し、その上で、実際の場面ではこの三つが重なり合って起きるハラスメントも多いことから、全体的に理解しておくことが肝要です。

Point

・法律で規制されているハラスメントは、パワハラ、セクハラ、マタハラ（パタハラ）がある。
・マタハラ（パタハラ）については、妊娠・出産等のハラスメントと育児・介護休業等のハラスメントに分けて分類する場合もある。
・マタハラだけで育児・介護休業等のハラスメントを意味する場合もあるので注意が必要である。

COLUMN

ハラスメントの防止には、マネジメント改革が必要

ハラスメントは、症状です。病気に例えると熱に相当します。どんな病気かわからないまま、解熱剤だけを飲み根本治療を怠ると、悪化させたり繰り返したりします。ハラスメントが症状ならば、その症状が出た理由を突き止めてそれに対する適切な措置を講ずる必要があります。

ハラスメントという症状は、「個人的な理由」と「組織的な理由」の二つから起きます。そして、この二つの理由は複合的な関係です。二つの理由が重なると最もハラスメントが起きやすくなります。逆に言えば、個人的にハラスメントを起こしやすい資質の持ち主であっても健全な組織に置かれるとハラスメントが抑えられる一方、個人的にはハラスメント体質でない人でもハラスメント体質の組織に置かれるとハラスメントをしてしまうという関係にあります。

まずハラスメント体質の人の体質を改善することが求められます。しかし、組織がハラスメント体質である場合は、組織の体質も同時に改善しなければなりません。

組織が個人の体質を変えるのは、正直容易ではありません。全ての人は変われることは真実

ですが、決して容易でないことも真実です。一方、組織を変えることも同じく容易ではありません が、組織を変えるのは組織にしかできません。

これが、ハラスメントの防止にはマネジメント改革が必要な理由です。職員一人ひとりの意識を変えるセミナーも重要ですが、それは個人的な理由だけに着目したものであり、ハラスメントを起こす二つの理由の片方だけに対する対策です。もう一つの理由である組織を変える対策も必要なのです。

もし仮に、ハラスメントを起こした職員を厳罰に処して職場から追放したとしても、ハラスメントを起こした原因が組織の体質にもある場合は、またハラスメントを起こす職員が出現します。そんな「いたちごっこ」にならないためには、組織に問題は無いか正しく診断すること。そして、マネジメント改革を進めて組織の体質改善を行う必要があります。

第2編

パワハラの基本的理解

Harassment

第1章 パワハラをしないために

power harassment

1 基本的な心構え

●パワハラは他人事ではない

パワハラを他人事と思ってはなりません。ただ漠然と「パワハラをしない」とだけ意識していたのでは、パワハラを起こしかねません。「自分は決してパワハラをしていない」という人がパワハラをしていることは決して珍しい話ではありません。

まず、パワハラをしないために各職員に求められる基本的な心構えについて、人事院のパワハラ防止基準を参考に説明していきます。

●パワハラ防止基準

① パワハラを正しく理解する。

パワハラを自分勝手に解釈してはいけません。「知らなかった」ことは言い訳にならないどころか、知らなかったこと自体が問題となります。また、民間企業を前提とした一般的な解説だけでパワハラを理解すると間違いを起こしかねません。自分の理解した基準が自分の所属する役所のパワハラ防止基準より甘くなる場合があるからです。さらに言えば、巷にはパワハラに関する間違った解説（俗説）も溢れています。本書で紹介する人事院のパワハラ防止ルールを参考にして、自分の所属する役所のパワハラ防止基準を理解しておかなければなりません。パワハラを正しく理解することは「義務」であると捉えておきましょう。

② 互いの人格を尊重する。

人事院の示した国家公務員向けのパワハラの定義には、民間の定義と違って、「職員の人格若しくは尊厳を害し」という要素が含まれています。逆に言えば、「職員の勤務環境を害する」ことがなくとも、「職員の人格若しくは尊厳を害した」場合はパワハラとなり得ます。公務員には、人権を尊重する意識が特に強く求められるということを理解し、言動に注意を払うことが求められます。

③ 業務指示等の内容が適切であっても、その手段や態様等が不適切な場合はパワハラとなることを認識する。

「たとえ目的が正しくても手段を間違えればパワハラになり得る」というのはよく言われます。しかし、人事院の指針では、「たとえ内容が適切であっても、手段を間違えればパワハラになり得る」とまで表現されていることに注意が必要です。これは、内容の正当性だけではパワハラでないことを立証できないことを意味します。「目的どころか内容が正しくても手段を間違えればパワハラになり得る」と理解しておきましょう。

④ 部下の指導・育成は上司の役割であるが、部下の性格や能力を充分に見極めた上で行う。

部下の性格や能力を十分に見極めておかなければ、上司が部下の指導・育成においてパワハラをしてしまうことになります。パワハラの定義は思いのほか広く、大きく間違ったマネジメントをすれば、パワハラの定義に当てはまることになると理解すべきです。

⑤ 言動の受け止め方は、世代や個人によって異なる可能性があることに留意する。

人は「十人十色」であり、自分の価値基準をそのまま相手に当てはめるとパワハラとなる言動をしてしまいます。世代間の意識の差にも注意が必要ですが、世代論には限界があります。

個人間の意識の差にも注意を払い、相手の価値観を理解し尊重する姿勢が求められます。

⑥ 自らの仕事への取組や日頃のふるまいを顧みる。

「自分を客観的に見つめるもう一人の自分」を作り、自分の言動が相手にどのように受け止められているかを冷静に観察して振り返り、必要な修正を加える。そんな柔軟性の高い人を目指しましょう。パワハラをしている人は、自分を厳しく客観視する力が無く、他責だけで生きている人が多いと言えます。自責の意識、つまり「自分に厳しい自分」を持つ勇気を持ちましょう。

⑦ 他の職員と能動的にコミュニケーションをとる。

自分のことは自分が一番知っているようで、意外と自分が一番知らないと言われます。自分の言動を客観的に知るには、他人の力も借りなければなりません。そこで、「自分に厳しい自分」を作ると同時に、「自分に厳しい他人」を作ることも大切です。能動的にコミュニケーションをとり、自分の過ちを指摘してくれる仲間を作っておきましょう。ハラスメントを避けようとし、他の職員とのコミュニケーションも避けるという考えは間違いです。

⑧ 他組織の公務員や公務員以外の者に対してもパワハラに類する言動をしない。

所属する組織が違うからといって、他組織の公務員に対して行う言動はパワハラにはなり得ないと理解してはなりません。国家公務員の場合、A省職員のB省職員に対する言動にも十分留意しなければならないとされています。パワハラ防止に関する規程の作り方について、人事院規則が全ての国家公務員に適用されるのに対して、地方公務員の場合は各自治体で定める部内規程がそれぞれの自治体の職員に適用されることから、全く同じことを自治体職員に当てはめることはできません。しかし、公務員同士が職務を遂行する中で、一方が優越的な立場に立つことも多く、それをパワハラの対象外と整理することには皆が違和感を持つに違いありません。他組織の公務員に対する言動についても、自組織の公務員に対する言動と同じく決してパワハラをしないように注意を払いましょう。

Point

・漠然とパワハラをしないという意識を持つだけでは不十分である。
・パワハラに関する基本的な心構えをしっかりと理解しておこう。

2　パワハラに当たる言動

●パワハラ防止の法制化

どのような言動がパワハラに該当するか、巷には様々な説が溢れています。2020年5月までは、様々な説を知り、自分なりにパワハラを定義しても大きな問題は起きませんでした。しかし、パワハラ防止が法令で規定され、その規定が施行された2020年6月からは、自分勝手にパワハラを定義することは許されません。これまで自分が持っていた先入観を一度しっかりと捨てて、法令で規定されたパワハラの定義を理解する必要があります。

自治体職員の皆さんには、労働施策総合推進法に規定されたパワハラ防止規定が原則適用されます。しかし、セクハラと同様にパワハラについても、多くの自治体において、同じ公務員である国家公務員に適用されるパワハラ防止の人事院規則を参考にして同様の規定が今後整備されることが想定されます。そこで、パワハラ防止の人事院規則で定められたパワハラの定義を紹介します。

次の全てに該当する「職員に精神的又は身体的苦痛を与える言動」
・職務に関する優越的な関係を背景に行われるもの
・「職員の人格や尊厳を害する」あるいは「職員の勤務環境を害することとなる」もの
・業務上必要かつ相当な範囲を超えるもの

なお、参考までに労働施策総合推進法に規定されているパワハラの定義も紹介しておきます。

次の全てに該当する「労働者に精神的又は身体的苦痛を与える職場における言動」
・優越的な関係を背景としたもの
・業務上必要かつ相当な範囲を超えたもの
・労働者の就業環境が害されるもの

●人事院規則の定めるパワハラ

人事院規則で定められたパワハラの定義は、次の点で労働施策総合推進法に規定されたパワハラ定義と異なります。

・「職場」に限らない。

職務に関するものであって、職場に限定されません。つまり、場所や時間は問わないこととなります（これは、人事院規則と男女雇用機会均等法のセクハラの定義の関係と同じ）。

・「職員の人格や尊厳を害するもの」という要件がある。

この要件は、労働施策総合推進法のパワハラの定義には存在しません。つまり、職員の勤務環境が害されなくても、職員の人格や尊厳を害する言動はパワハラとなります。

自治体職員の皆さんは、念のため、自分の所属している自治体のパワハラ防止に関する部内規程をチェックしておいてください。おそらく、人事院規則と同じ規程が置かれるところが圧倒的に多いと思われますが、中には民間と同じく、労働施策総合推進法と同様の規程を置くところがあるかもしれません。その場合は当然、その規程が自分の言動を縛るルールとなりますが、人事院規則のパワハラの定義の方が広い（つまり、厳しい）ことから、今回紹介した人事院規則も意識して自らの言動を律することをお薦めします。国家公務員や他の自治体職員であればパワハラに当たるとされる行為をした場合、たとえその行為が仮に自分の役所の部内ルール上はパワハラに当たらないとしても、厳しい批判を浴びて場合によっては信用失墜行為等の別の事由により処分される可能性も捨てきれないからです。

Point

・これまで自分が思っていたパワハラの定義を一度リセットする。
・先入観を捨て、新たに法令で定められたパワハラの定義を理解する。
・人事院規則が定めるパワハラの定義を理解しておこう。

3　パワハラの定義①「職務に関する優越的な関係を背景とした」とは？

何がパワハラに当たる言動か正しく理解するため、パワハラの定義を分解して解説したいと思います。まず、パワハラは、「職務に関する優越的な関係を背景とした」「職員の人格や尊厳又は就業環境が害された」「業務上必要かつ相当な範囲を超えた」という**三つの要件が全て満たされた場合**と定義されます。

そのうち、「職務に関する優越的関係を背景とした」とは具体的に何を意味するかをまず説明します。

「優越的な関係を背景とした」言動とは、「業務を遂行するに当たって、言動を受ける職員が言動を行う職員に対して**抵抗又は拒絶できない蓋然性が高い関係**を背景として行われる」言動を意味するとされています。

●「抵抗又は拒絶できない関係」とは

思い浮かぶのは、上司・部下の関係だと思います。公務員の場合、法律で「法令等に従う義務」のみならず「職務命令に従う義務」も定められています。上司の命令が重大で明白な誤りである場合を除き、その職務命令は有効であり、部下は従う義務を負います。ただし、この規定は、法令に沿って行政を執行するために設けられたものであり、この規定があるからといって部下は上司に自分の意見を言うことさえも許されないと解するのは間違いです。ましてやこの規定があるから「公務員の場合はパワハラの基準が甘くてよい」という主張は成り立ちません。

●「逆パワハラ」のケースもある

優越的な関係を背景とした言動には、次の三つがあります。

① **業務上の地位が上位の者による言動**

② **同僚又は部下による言動で、その言動を行う者が業務上必要な知識や豊富な経験を有しており、その人達の協力を得なければ業務の円滑な遂行を行うことが困難であるもの**

③ 同僚又は部下からの集団による行為で、これに抵抗又は拒絶することが困難であるもの

①の場合は、行為者が上司の場合ですが、②、③は行為者が同僚又は部下の場合です。公務職場の場合は、この同僚又は部下が行為者となるいわゆる**逆パワハラ**のケースが意外にも多い可能性があります。先ほど述べた「公務員には法律で上司の職務命令に従う義務が定められている」ということと矛盾するように思えるかもしれません。しかし、次のような公務員特有の要素があるからです。

・身分保障が手厚い
・仕事が属人的である
・直上の上司に人事権がない（小さい）

身分保障が手厚く、よほどのことがない限りクビにはされないため、ベテランの部下の方が力が強いケースがあります。また、重複が無いように業務が分担され、その仕事の内容は担当者しか知らず、その人でなければ何もわからないというように仕事が属人的になっているケースもあります。そして現場の管理者に事実上の人事権が無い（あったとしても小さい）ことも逆パワハラを生む要素と言えます（これは、短期ジョブローテーションという公務組織特有の人事管理とも深く関係しています。）。

常に上司が優越的な関係にあるとは限りません。パワハラの定義の「優越的な関係」には、同僚や部下が優越的である場合も含まれることに注意が必要です。そして、そのことは、パワハラ防止研修の受講対象者を管理職に限定してはならないことも意味しています。

Point

- 「優越的な関係」とは、「抵抗、拒絶できない関係」である。
- 公務員法には「上司の職務命令に従う義務」に関する規定があるが、パワハラの定義に影響を与えるものではない。
- 公務職場では、身分保障が手厚いこと、仕事が属人的であること、上司の人事権が小さいことなどから逆パワハラが起きる可能性が高い。
- パワハラの行為者を上司に限定して理解しないように注意しよう。

4　パワハラの定義②「職員の人格や尊厳又は就業環境が害された」とは?

●「就業環境が害された」とは?

「職員の人格や尊厳が害された」という要素は比較的わかりやすいと思います。しかし、「就業環境が害された」という言葉は、日常的に使われる言葉ではないため、どういった意味で使われているかを正しく理解しておく必要があります。

「就業環境が害された」とは、「**職員が身体的又は精神的に苦痛を与えられ、職員の就業環境が不快なものとなったため、能力の発揮に重大な悪影響が生ずるなど就業する上で看過できない程度の支障が生ずること**」とされています。

そして、この判断に当たっては、「平均的な職員の感じ方」が基準とされることになっています。

「平均的な職員の感じ方」を基準とすると言ってもピンと来ませんが、それは、「同様の状況でその言動を受けた場合に、社会一般の労働者が、就業する上で看過できない程度の支障が生じたと感じるような言動であるかを基準とする」とされています。

「言動を受けた職員が不快と感じ」さえすれば全て「就業環境が害された」ことになるのではなく、パワハラの範囲は自ずと限定され、「社会一般の労働者」つまり「多くの労働者」にとって「就業環境が害された」ケースかどうかで判断するということです。

●「受け手基準」が大原則

「平均的な職員」「重大」「看過できない」など限定的な言葉が並びますが、だからといってこの「就業環境が害された」という要素を狭く理解するのは危険です。なぜならば、このような言葉は抽象的で範囲が曖昧です。また、自分勝手に解釈することは自分に甘い解釈になりがちです。平均的であったとしても「言動を受けた職員の感じ方」が基準となります。「受け手基準」があくまで原則であることに注意が必要です。

また、その受け手となった個人、つまり相手の職員が同意しているため、その職員の就業環境は害されていないとして、「就業環境が害された」ケースに当たらない（つまり、パワハラに当たらない）と理解してもいけません。例えば、当事者同士はよくても、目の前で体罰や暴言が日常的に行われていると、その職場で働く他の職員（直接の対象でない職員）の就業環境が害されたとして、この要件に該当することになります。

「受け手基準」の原則は、「自分基準」ではないことを意味します。また、「受け手」さえ同意していればパワハラに当たらないことを意味するものでもありません。

Point

・「就業環境が害された」とは、「職員が身体的又は精神的に苦痛を与えられ、職員の就業環境が不快なものとなったため、能力の発揮に重大な悪影響が生ずるなど就業する上で看過できない程度の支障が生ずること」を指す。
・「就業環境が害された」かどうかは「平均的な職員の感じ方」を基準に判断する。
・自分基準で判断せず、また、相手が同意していてもパワハラになり得ることに注意しよう。

5 パワハラの定義③「業務上必要かつ相当な範囲を超えた」とは？

●「指導の範囲」と言えるかがポイント

パワハラの定義の三要素の三つ目は、「業務上必要かつ相当な範囲を超えた」です。これは、「**社会通念に照らして、明らかに業務上必要性がない、又はその態様が相当でないもの**」を指すとされています。

そして、具体例としては、次のものが示されています。

・業務上明らかに必要性のない言動
・業務の目的を大きく逸脱した言動
・業務を遂行するための手段として不適当な言動
・行為の回数、行為者の数など、その態様や手段が社会通念に照らして許容される範囲を超える言動この要素を理解するには、社会通念上「指導の範囲」と言えるかどうかがポイントとなります。そして、具体的な判断に当たっては次のような要素を総合的に考慮することが適当であるとされています。

・言動の目的・内容・程度
・言動を受けた職員の問題行動の有無
・言動が行われた経緯や状況
・業種や業態
・業務の内容・性質
・言動の態様・頻度・継続性
・職員の属性や心身の状況
・行為者との関係性

つまり、様々な要素を総合的に考慮すべきであって、ここにあげた要素から切り離して一度の言動だけで判断すべきではないとされています。ただし、これらの要素は、あくまで総合的な判断をする際の要素に過ぎないということにも注意が必要です。例えば、言動の目的が真に必要な指導であるなど、このうちの一部の要素がパワハラに当たらないと判断されたとしても、それだけではパワハラに該当しないということにはなりません。これらの要素は、あくまで総合的な判断をする際に考慮すべきものの例示に過ぎないのです。

注意点は、次のとおりです。

・業務遂行と言動との間に整合性がない場合は、パワハラになり得る。
・厳しい指導が必要な場合でも、大勢で叱る、継続的に叱り続けるなど手段が許容範囲を超える場合は、パワハラになり得る。
・職務命令が業務の範囲を超えて私的である場合は、パワハラになり得る。

●目的の正当性は一要素にすぎない

わかりやすく言えば、問題行動を取る部下に対する厳しい指導は業務上必要かつ相当な範囲としてパワハラではないこともあるが、手段を誤るとたとえ目的に正当性があったとしてもパワハラになるということです。目的の正当性は、パワハラかどうかの判断する際の一要素ではあるが、それだけでパワハラでないと判断されることはありません。

また、業務と無関係な私的なことを求めるような言動もこの「業務上」の範囲を超えた言動として、パワハラになり得ることに注意が必要です。つまり、その言動が「業務上」か「業務外」かも大きな要素という訳です。飲み会の参加を強要するなどが典型例ですが、職場での上下関係はあくまで業務執行との関係で正当化されるものです。その関係を私的な事由で濫用してはならないと理解し、公私の区別を意識しておく必要があります。

Point

・「業務上必要かつ相当な範囲を超えた」とは、「社会通念に照らして、明らかに業務上必要性がない、又はその態様が相当でないもの」を指す。
・目的が正しくても手段を誤ればパワハラになり得る。
・職場での上下関係を背景に、私的なことを強要するとパワハラになり得る。

6 パワハラになり得る言動①「暴力・傷害」

どのような言動がパワハラとなるかについて、人事院と厚生労働省、それぞれがパワハラ防止指針で示しています。基本的には同じ内容ですが、パワハラの定義が微妙に異なるため、指針で整理した「パワハラになり得る言動」の示し方も微妙に違っています。

公務員向けの本書においては、「公務員向け」に定められた人事院のパワハラ防止指針の内容に沿って説明します。

●典型例はあくまで例にすぎない

まず、パワハラとなり得る言動を具体的に示すことには、プラス面とマイナス面があります。プラス面は、具体的であるため多くの人がイメージしやすく実践的であるという点です。一方、マイナス面は、具体的であるためそれに該当しない言動はパワハラではないという誤解を生みやすいという点です。

パワハラとなる言動の範囲を理解するには、どのような「要件」に該当すればパワハラになるかという「定義」を理解することが基本です。しかし、パワハラの要件は様々な事例に共通の要素を抽出したものであるため自ずと抽象的にならざるを得ず、イメージしにくいという欠点があります。そこで、どのような言動がパワハラとなるかについて典型例を示して、定義による理解と典型例による理解の双方の短所を補いつつ長所を生かすよう、定義と典型例の二つが示されたという訳です。

●身体的な接触は必要な場合に限る

まず、最初の典型例は、「暴力・傷害」です。

これは、厚生労働省指針の六類型のうち「身体的攻撃」に相当します。一般社会においても刑法で裁かれるような言動です。ただし、パワハラとなり得る言動は刑法犯となり得る範囲よりも広いことに注意が必要です。人事院指針で示されている具体例は、次のとおりです。

・書類で頭を叩く。

・相手を殴ったり、蹴ったりする。
・相手に物を投げつける。

身体的な攻撃と言えるか否かで多くの人が関心を持つのは、危険を回避するための身体的な接触です。それを体罰と位置付けてパワハラとみなすか、それとも業務執行上必要な指導とみなすのかという論点です。

残念ながらこの論点について、指針においても明確な境界線は示されませんでした。そこで、この残ったグレーゾーンについては、常にパワハラとなり得る可能性があると考えて慎重に行動するほかありません。確かに職種によっては、ギリギリの場面で危険を回避するため身体的な接触が不可避な場合があり得ます。しかし、身体的な接触はあくまでも必要な場合に限ると理解しておく必要があります。業務の特殊性を理由として、全ての身体的接触が教育として正当化されると考えるのは間違いです。特別な職種であるとして一般のルールを丸ごと適用しないことは許されません。

Point

・典型例はあくまで典型例にすぎない。それ以外の言動でもパワハラに該当する可能性はある。
・身体的な接触が業務執行上必要な職種も存在するが、真に必要な場合に限定すべきである。
・業務が特殊であるとしてパワハラの範囲を自由に狭く解することは許されない。

7 パワハラになり得る言動②「暴言、名誉棄損、侮辱」

●人格の否定

これは、厚生労働省指針の「精神的な攻撃」の一部に相当します。人事院のパワハラの定義の中の要件には厚生労働省のパワハラの定義には含まれていない「職員の人格若しくは尊厳を害し」というものがあるため、それに該当する言動だけを切り分けて典型例を示したものと考えられます。典型例は、次のとおりです。

・人格を否定するような罵詈雑言を浴びせる。
・他の職員の前で無能なやつだと言ったり、土下座をさせたりする。
・相手を罵倒・侮辱するような内容の電子メール等を複数の職員宛てに送信する。

注意すべき点は、セクハラに該当する「性的指向又は性自認に関する偏見に基づく言動」も、職務に関する優越的な関係を背景として行われる場合は、パワハラにも該当するという点です。

●許容される範囲

なお、厚生労働省指針では「精神的な攻撃」に関し、パワハラに該当しないと考えられる例として、次の二つを示しています。

・遅刻など社会的ルールを欠いた行動が見られ、再三注意してもそれが改善されない労働者に対して一定程度強く注意すること。

・その企業の業務の内容や性質等に照らして重大な問題行動を行った労働者に対して、一定程度強く注意すること。

多くの人の関心は、「許容される厳しい指導」と「パワハラ」の境界線です。しかし、残念ながらここでは「一定程度」としか示されていません。一方、人事院指針の方は、「人格否定は無条件にアウト」であることを明確に示しており、相手がどんなに問題のある職員であっても、人格否定となる言動はパワハラとなるとしています。

Point

・人格を否定するような言動はいかなる場合でもパワハラである。
・問題行動を改めない職員に厳しく指導する場合でも、その言動が人格を否定していないか常に考え、慎重に行動しよう。

8 パワハラになり得る言動③「執拗な非難」

これは、厚生労働省指針の「精神的な攻撃」の一部に該当します。
人事院の指針では次の典型例が示されています。

・改善点を具体的に指示することなく、何日間にもわたって繰り返し文書の書き直しを命じる。
・長時間厳しく叱責し続ける。

●指導は教育

「執拗な非難」についても、問題行動を改めない職員に対する「許容される厳しい指導」と「パワハラ」との境界線が議論となります。指導を「組織内教育」と捉えると一定の線が見えてきます。教育とは、「変えられる範囲のこと」を「変えることに結び付く方法」により行うものです。そして、組織内で行われる教育は組織の目的と結び付いたものでなければなりません。

「教育の効果が期待できず、かつ、組織の目的と無関係」なものは、組織内教育である「指導」とは言えず、パワハラになり得ると整理し、理解することができます。

●本当に相手のためか

仮に上司が部下に対して、本気で「本人のため」と思って厳しく指導したとしても、その目的が組織の目的とかけ離れていれば、正当化できません。それは上司の個人的な目的に過ぎず、「相手のため」と言いながら実は「上司本人のため」かもしれません。矢印が本当に相手に向いているか（自分の心理的満足を目的としていないか）、指導の目的が組織の目的に合致しているか（上司の個人的な価値観だけで行っていないか）、指導によって部下の行動の変容が期待されるか（客観的に指導の効果は期待できるか）などを十分考えて自分勝手に「厳しい指導」の範囲を広げないように注意する必要があります。

「厳しい指導」と「パワハラ」の境界線に迷ったら、その言動を多くの人に対して「教育」と説明して理解してもらえるかどうか考えてみましょう。

Point

・パワハラとなり得る「執拗な非難」と「厳しい指導」の境界線を正しく理解しよう。
・「厳しい指導」は「組織内教育」の範囲でなければならない。
・真に相手のためであるか、指導の目的が組織の目的に合っているか、指導の効果が期待されるかなどを考えてみよう。

9 パワハラになり得る言動④「威圧的な行為」

これは、厚生労働省指針の「精神的な攻撃」の一部に該当すると考えられます。

人事院指針では次の典型例が示されています。

・部下たちの前で、書類を何度も激しく机に叩き付ける。

・自分の意に沿った発言をするまで怒鳴り続けたり、自分のミスを有無を言わさず部下に責任転嫁したりする。

パワハラの典型例の中でも発生する頻度が多い例と言えます。言葉にしなくても書類を何度も激しく机に叩き付けるような言動は精神的にも相手を攻撃する「威圧的な行為」です。また、「怒鳴り続け」たり、「有無を言わさない」不当な言動も「威圧的な行為」の一例です。つまり、威圧的な行為とは、パワハラの中心的な定義とも言える「優越的な関係」を背景としているか

●背景には「優越的な関係」

らこそやれる行為であり、その言動を受けた職員に深く心理的ダメージを与えるものと言えます。

●教育効果は半減

この場合も、行為者は「厳しい指導」、つまり許容されるべき教育の一環であると弁明するかもしれません。しかし、威圧的な行為は教育効果を半減させ、仮に目的が正しくても手段が間違っているため、正当化されません。部下に恐怖を与えて従わせるといった行為は、仮に部下の行動の変容を求めるという正しい目的を持ったものであったとしても許されず、パワハラになり得るのです。問題行動を改めない部下に対しても、教育の範囲内で行動しなければなりません。

人は恐怖を感じると思考が停止します。未来への教訓とするために必要な自発的な反省ではなく、その場を逃れるだけの面従腹背の行動に終始することになります。厳しく指導することがかえって行動の変容に繋がらないこともあり得ます。威圧的な行為を日常的にしている上司は、自分のマネジメント行動を謙虚に見直し、真に効果が上がる行動に「進化」させましょう。

Point

・威圧的な行為は、「優越的な関係」を背景としているからこそやれる行為である。

・威圧的な行為は、むしろ「部下の行動の変容」をもたらさない。

・自分のマネジメント行動を見直し、進化させる謙虚な姿勢を持とう。

10 パワハラになり得る言動⑤「実現不可能・無駄な業務の強要」

これは、厚生労働省指針の「過大な要求」と「過小な要求」の一部に相当すると考えられます。

人事院指針では次の典型例が示されています。

・これまで分担して行ってきた大量の業務を未経験の部下に全部押しつけ、期限内に全て処理するよう言明する。
・緊急性がないにもかかわらず、毎週のように土曜日や日曜日に出勤することを命じる。
・部下に業務とは関係のない私的な雑用の処理を強制的に行わせる。

●部下の能力を正しく理解し、任せっぱなしにしない

公務組織は一般的に「分担管理原則」に沿って業務が職員に割り当てられています。簡単に言えば、重複がないように仕事が割り振られており、「自分と同じ仕事をする職員が他にいない」組

織です。そのため、たとえ上司であっても、場合によれば部下の仕事内容を深く理解せず「任せっぱなし」であることも少なくありません。基本的に仕事を任せることは部下を育成することに繋がり良いことではあるのですが、実現可能かどうかも吟味せずに担当者ということだけで全てを任せると、「実現不可能な業務の強要」に当たり、パワハラとなってしまいます。管理職は部下の経験と能力を正しく理解しておき、全部任せっぱなしにせず、必要な支援を行う。つまり、適切なマネジメントを行う責任を負っていると理解すべきです。パワハラは行為者に悪意がある場合だけではありません。また、行為者が「怒っている」場合だけでもありません。不適切なマネジメントを行うことでもパワハラを起こしてしまう可能性があることを肝に銘じる必要があります。

また、「業務とは関係のない私的な雑用」は決して強制してはなりません。強制した途端にそれは優越的な関係を背景としたものになり、公私混同になります。

●公務職場の実態にあわせ理解する

厚生労働省指針では六類型の一つである「過小な要求」の例として、

・管理職である労働者を退職させるため、誰でも遂行可能な業務を行わせること。

が示されています。

これは、民間企業の中には合法的にクビを切るため、対象者を「追い出し部屋」と呼ばれる別の部屋に集め、一日中単純作業だけをさせて「自発的離職」に追いやるケースがあるからです。しかし、公務職場の多くは成績不良者を離職に追い込むということが少なく、この例はピンとこない人が多いのではないでしょうか。

自治体でパワハラ防止の部内規程を整備する際、厚生労働省指針を参考にすることも選択肢の一つですが、厚生労働省指針は民間企業を前提としており、このように公務組織には適合しない例が含まれています。もし自分の所属する役所が厚生労働省指針を参考に部内規程を作っていたとしても、人事院の指針も参考にしてパワハラの理解を深めておくことをお薦めします。

Point

・部下の経験、能力を正しく理解しておこう。
・部下の経験、能力を正しく理解しないと、結果として実現不可能な業務を強要してしまうことになりかねない。
・私的なことは決して強要しないようにしよう。

11 パワハラになり得る言動⑥「仕事を与えない・隔離・仲間外し・無視」

●民間企業と公務職場の違い

これは、厚生労働省指針の「人間関係からの切り離し」と「過小な要求」を一つにしたような内容です。

人事院の指針では次の典型例が示されています。

・気に入らない部下に仕事をさせない。
・気に入らない部下を無視し、会議にも参加させない。
・課員全員に送付する業務連絡のメールを特定の職員にだけ送付しない。
・意に沿わない職員を他の職員から隔離する。

なお、厚生労働省指針では、「該当しないと考えられる例」として次のような例が示されています。

・新規に採用した労働者を育成するために短期間集中的に別室で研修等の教育を実施すること。
・懲戒規定に基づき処分を受けた労働者に対し、通常の業務に復帰させるために、その前に、一時的に別室で必要な研修を受けさせること。

厚生労働省の指針は民間企業を前提としており、特にこの例は、公務員を取り巻く実態と違うため、より一層違和感があります。通年採用の中途採用者が少ない公務職場では、新規採用者の研修で専らイメージするのは新規学卒採用者を対象とした新採研修であり、その参加を「人間関係からの切り離し」と考える人はまずいません。また、懲戒処分を受けた者を対象とした研修もほぼ皆無です。

●公務職場の特性

しかし、「該当しないと考えられる例」は公務職場では少ないとしても、「該当すると考えられる例」は意外と公務職場に多いのではないでしょうか。なぜならば、公務職場の多くは、「同質性」が高く、「仲間外れ」を作りやすい集団としての特性を持っているからです。わかりやすく言えば、「似た者同士」が多数派を占め、少数派に対して特段の悪意がなくても結果として仲間外れにしてしまう傾向にあるからです。人の出入りが少ないため、組織内に独特の文化を作り、その文化に馴染めない少数派を排除しがちです。これは、集団の特性であり、一人ひとりに悪意が無くてもパワハラを起こしかねないということです。そうならないためには、少数派も仲間として尊重し、決して排除しないよう一人ひとりが配慮するほかありません。そのためには、「同じ」になることを強要せず、「違い」を認め合うことが大事です。多様性（ダイバーシティー）は必ず包摂（インクルージョン）と一体的に理解しておきましょう。多様な人々を包み込む職場こそが、誰にも優しい「良い」職場に違いありません。

Point

・「仲間外し」は同質性の高い公務職場に多く発生しがちである。
・同じになることを求めすぎず違いを認め、仲間外れの職員を作らないよう注意しよう。

12 パワハラになり得る言動⑦「個の侵害」

人事院の指針では、次の典型例が示されています。

・個人に委ねられるべき私生活に関する事柄について、仕事上の不利益を示唆して干渉する。

・他人に知られたくない職員本人や家族の個人情報を言いふらす。

管理職の職員にとって「個の侵害」に関して、職務の執行上不安になるのは、「部下本人や家族の状況を知らないと必要な配慮ができない」という点でしょう。例えば、職員本人の病歴や、育児、介護が必要な家族状況の有無というようなことを聞き出すことは管理職として必要な言動ではないかという疑問です。

●過度に立ちいらず、業務に必要な範囲で

必要な言動とパワハラの境界線を考えるヒントとなるのは、「過度に立ち入らない」こと、

そして「業務の執行上必要な範囲に限定する」ことです。

ヒヤリングの際、話す範囲は原則として相手に委ね、無理やり聞き出そうとしないことが肝要です。ヒヤリングでは話しやすい環境を作り、極力聞き役に徹するようにしましょう。また、個人的な興味関心で聞いていると誤解されないために、聴く目的を明らかにしておくこと、そして、聴いた内容は決して外部に漏らさず、人事当局への伝達も本人の同意を基本として必要最小限に留めるようにしましょう。

この「個の侵害」は、内容によってはセクハラやマタハラ（パタハラ）にも該当することがあります。プライバシーに過度に踏み込むことがないように、十分な注意が必要となります。

Point

・業務上必要な配慮をするためであっても、プライバシーを侵害してはならない。
・ヒヤリングの場面でも、「過度に立ち入らず」、「業務の執行上必要な範囲に限定」しよう。
・セクハラやマタハラ（パタハラ）にも該当し得ることに注意しよう。

COLUMN

外国にパワハラは存在しない？

パワハラは100％日本語です。英語にはありません。同じ概念の英語が存在しないのです。過労死がそのまま「Karoshi」として英語になったように、もしかするとパワハラもいずれは英語になる日が来るかもしれませんが、パワハラという言葉は多くの外国人に通用しません。

パワハラは日本的な雇用慣行と深く結びつき、諸外国と比べて我が国に多く発生する組織内の現象と言えます。

基本的に、我々日本人が思うパワハラは外国には存在しないのには様々な理由があります。

まず一つ目は、「自分の人事は自分が決める」ことです。あるポストが空席になると、そのポストについて「公募」が行われます。外国では一般的に最適任者を採用するために「公募」が原則である点が日本と大きく違います。そして、パワハラをしている上司がいるポストには誰も応募しません。少なくとも最後まで優秀な人は応募して来ないことになります。そのため、パワハラに対して一定の抑制が働くことになります。

二つ目の理由は、「我慢しない」ことです。転職が当たり前の社会では、転職はマイナスではなくキャリアアップと受け止められます。転職による経済的損失が少ない社会ではパワハラを受けても組織内に留まるという動機は小さくなります。これは、日本人がエンゲージメントと呼ばれる「組織への健全な貢献心」が先進国の中で最も低いことからも説明できます。つまり、パワハラをしている上司は部下を持てないという結果となるため、一定の抑制が働くのです。

三つ目の理由は、「年功序列でない」ことです。今日の部下が明日の上司になる可能性が我が国に比べて高いのです。私は、公務組織に比較的パワハラが多い原因の一つに年功序列の人事があると考えています。外国と日本を比較した場合、総じて日本は年功序列の人事が多い傾向があります。しかし、我が国の中でも、民間と公務組織を比較すると明らかに差があります。年功序列の人事を無くしてきた民間に対して、公務組織の多くは依然として年功序列が残っています。学校の体育会で「上級生による下級生いじめ」が発生しやすいのも、上級生と下級生という絶対的な関係性の存在がその理由です。パワハラをした相手がある日突然自分の上司になり、立場が逆転するかもしれない。そう思うと当然一定の抑制が働きます。

もちろんのこと、外国にも職場におけるイジメはあります。外国にパワハラが存在するかという質問は、パワハラの定義次第でイエスにもノーにもなります。ただし、パワハラといった和製英語を作り出す必要があったように、我々日本人がパワハラという言葉でイメージするものと外国人がイメージするものの間には大きな差があります。

以前、筆者が外国の公務員に日本の公務員の「単身赴任」を説明した際、家族を引き裂くような転勤命令を組織が一方的に発令することに驚かれたことがあります。組織の一方的な判断で自分の配属が決まるという日本独特の人事慣行は、個人よりも組織が中心にあるという我が国の組織文化に支えられています。そして、パワハラはその我が国の組織文化とも深く関係しています。

外国ではイジメをしている上司から逃げる自由が我が国に比べて強く存在することから、それでも上司から逃げない部下には自己責任という、自業自得に近いニュアンスの評価もあります。ある意味厳しい評価であると言えますが、我が国におけるパワハラは「逃げ道がない環境」において行われる点において、より深刻と言えます。

外国と比較することによって見えてくる我が国の雇用慣行及びそれを支える組織文化の特異性は、パワハラの防止対策について様々なヒントを与えてくれます。

第2章

パワハラ防止に求められる行動

power harassment

1 人材マネジメントのスキルを身につける

●パワハラの発生理由は組織によって様々

パワハラはどんな組織にも発生します。しかし、パワハラが発生する理由は、その組織が持つ特性によって様々です。パワハラを防止するには、まずその組織の特性を正しく理解しておくことが必要になります。

そこで、公務組織に共通の特性を考えてみましょう。民間組織は一般的に、「マネジメントが行き過ぎる」、つまり「**マネジメントの過剰**」がパワハラを引き起こす原因となるケースが多いと言えます。短期的な利益を求めるがあまり、無理を承知で上司が部下に結果を求め、それがパワハラとなってしまうようなケースです。それに対して公務組織では、「マネジメントが存在しない」、つまり**「マネジメントの不在」**がパワハラを引き起こす主な原因となっています。組織的にマネジメントが徹底されておらず、管理職がそれぞれ自分流のマネジメントを行う中で、個人的にパワハラを起こすケースが多いといった公務組織に共通の特性が指摘できます。

わかりやすく言えば、「組織的な民間パワハラと個人的な公務パワハラ」という構図です。この違いは、採るべきパワハラ防止対策も異なることを意味します。民間企業の場合、最近まで代表的なブラック企業と名指しされていた企業でも、比較的短期間で代表的なホワイト企業と言われるまでに大変身するところもあります。それは、組織的なマネジメントが徹底されていたことから、マネジメントの方針を大きく転換さえすれば比較的簡単に変化できるからです。

●多くの公務組織には組織的マネジメントが存在しない

一方、多くの公務組織の場合、多くの組織において組織的なマネジメントが存在しない実情があります。そのため、パワハラを防止するために採るべき対策は、民間企業の場合と異なり、まず組織的なマネジメントを存在させるところから始める必要があります。これまでやって来なかった幹部職員層へのマネジメント研修を実施するなどして、組織的なマネジメントへの取組みを本格的にスタートさせなければなりません。

公務と民間でそんなに違いがあるのかと疑問に思われるかもしれません。しかし、筆者は長年官民合同研修のマネジメント研修講師を務めてきました。研修中、自分の所属する組織におけるマネジメントの具体的内容（社員が共通に大事にしている価値、マネジメントポリシーなど）を聴くのですが、具体的に説明できる民間参加者に比べ、公務員参加者は、組織で共通化されているマネジメントではなく自分の考えを説明する人がほとんどです。

このように、民間組織と公務組織では、「マネジメントに関する基礎体力」に差があると言えます。公務組織のパワハラ防止には、マネジメントに関する基礎体力をつけるための取組みも併せて始めなければなりません。

Point

・パワハラを防止するには、特性を理解する必要がある。
・パワハラを引き起こす原因として、民間の場合は「過剰なマネジメント」であるのに対し、公務の場合は「マネジメントの不在」であることが多い。
・公務組織のパワハラ防止には、職員全員がマネジメントスキルを身につけるなどマネジメントの基礎体力の向上も必要である。

2 厳しい指導とパワハラの防止は両立できる

●マネジメントスタイルの違いと理解する

パワハラの防止に否定的な人がいます。それは、「何でもパワハラと騒ぎ立てると部下が育たない」というものです。そして、そのような主張をする人の多くが、「自分は厳しい指導を受けて成長した」という思いを持っています。しかし、このような主張は、パワハラに対する誤解に基づくものです。

「パワハラの防止」と「厳しい指導」は両立します。つまり、パワハラをしなくても厳しい指導を行い、部下を育てることは可能です。

誤解を解くカギは、「パワハラと厳しい指導を**程度の差と理解しない**」ことです。「この程度までは厳しい指導として許容されるが、これ以上厳しい指導をするとパワハラ」というように両者の違いを程度の差であると理解するとその境界線がはっきりしないこともあって、両者を二者択一的にしか捉えることができず、両立できないと考えてしまいます。しかし両者は、「程度の差」ではありません。**「マネジメントスタイルの違い」**です。マネジメントスタイルを変えることで十分両立できます。

●厳しい指導は否定されない

マネジメントスタイルを変えるとはどういったことでしょうか。それは、一方的に厳しいだけの指示命令を与えて部下の行動を変えようとするのではなく、様々なマネジメント手法を駆使して部下が自ら変わろうとする環境を作ることです。パワハラは部下を成長させるどころか、全く逆に部下のモチベーションを下げて成長を阻害します。この説明に納得がいかない場合は、パワハラの理解が間違っているかもしれません。法令で禁じられているパワハラの定義は、厳しい指導と両立し得るものであり、厳しい指導を否定するものではないのです。

それでは、「厳しい指導とは一体何を意味するのか」という話になります。部下の能力を最大限引き出すような挑戦的な目標を設定するなどして厳しく教育することです。パワハラをしないことは、部下を甘やかすことでは決してありません。パワハラに該当する言動は、部下の成長を阻害するものであり、パワハラは間違った見せかけの「厳しい指導」と言えます。「**仕事に厳しく、人には優しく**」がマネジメントの基本です。

パワハラを正しく理解し、部下にとっても、そして組織にとってもプラスとなる「厳しい指導」を心がけましょう。パワハラの防止と必要な厳しい指導を両立させることは上司の責任です。

Point

・「パワハラの防止」と「厳しい指導」は両立できる。
・「パワハラの防止」と「厳しい指導」の両者の違いを「厳しさの程度の差」であると捉えるのは間違いである。
・「パワハラの防止」と「厳しい指導」を両立させるのが上司の責任である。

3 パワハラは自分の弱さを示す恥ずかしい行為

●自分の弱さが「弱いものいじめ」に走らせる

パワハラの多くは「弱いものいじめ」です。弱いものいじめをするのは、強い人ではなく、弱い人です。弱い人が自分を強く見せたい、劣等感を払拭したいという、個人的で理不尽な動機から行う「恥ずかしい」行為です。職務を執行するために組織が与えた「優越的な関係」を自分のために濫用し、いじめられた人の人生を壊して自分の心を満たそうとする罪深い行為と言えます。

パワハラは自分の弱さを他人に晒す「恥ずかしい行為」である。このことが、パワハラをしている人には一番響く言葉ではないでしょうか。なぜならば、パワハラをしている人の中の多くは、「パワハラをしている自分が強者で、相手が弱者」という構図が前提となっているからです。この前提を根本的に覆すこの言葉は、弱いものいじめをしている人の動機を無くさせます。

●劣等感が背景

弱いものいじめをしている人は、誰かを攻撃することを通じて自分の強さを自分や第三者に示したいという動機を持っています。それが全く逆に自分の弱さを示すことだとすれば、最も「やりたくない行為」になります。

パワハラをしている人の中には、自分の中に強烈な劣等感を持っていて、その劣等感を解消する手段として誰かを犠牲にするために「弱いものいじめ」をする人がいます。

まず、パワハラは「自分の弱さを示す恥ずかしい行為」であることを理解しましょう。

Point

- 「弱いものいじめ」のパワハラをする人は、自分を強く見せたい弱い人である。
- パワハラは、組織が与えた立場を自分のために濫用し、誰かを犠牲にする罪深い行為である。
- パワハラは、自分の弱さを示す恥ずかしい行為であることを理解しよう。

4 パワハラタイプ①　パワハラを必要悪と考えている人

●自己基準で発想

パワハラをしている人を三つのタイプに分けて解説します。まず、最初のタイプは、パワハラを「必要悪」と考えている人です。多少の犠牲は仕方がなく、パワハラに耐えるくらいの「鋼の心臓」を作るべきと本気で考えている人です。厳しい指導とパワハラを混同し、自分のマネジメントスタイルを見直そうとはしない思考停止状態の人とも言えます。残念ながら、意外にもこのタイプの人は依然として多くいます。これだけパワハラの防止が周知された中で生き残った存在であり、パワハラをしている人の中に占める比率はますます上がっているとも言えます。

このタイプの人は、「自分基準」で発想します。そして多くの人が、自分が若い頃にパワハラ的な厳しい指導を受けた経験を「正しいマネジメント」と主張します。このタイプの人の中にはプレイヤーとしては高い業績を残し、組織への忠誠心も強く、高い評価を得ている人がいます。

●パワハラの正当化が自己正当化に

このタイプの人がパワハラを正当化したい気持ちを内心密かに持ち続ける理由の一つには、「自己正当化」があります。パワハラを全面的に否定されてしまうと、自分も否定されてしまうという強迫観念に近いものを感じているのです。

確かに、このタイプの人はパワハラ的指導で育成されたのかもしれません。しかし、パワハラではない正しいマネジメントを経験すれば、もっと育成された可能性があります。人生は一度しかなく出会う上司は限られます。制約の中での結果にすぎません。

また、百歩譲ってこれまでの組織内教育で仮に一定の成果が上がってきたとしても、これからはこのような「個を殺して組織に忠実なだけのロボットのような人材を作る」マネジメントは否定されなければなりません。それは、個人を犠牲にするだけでなく、間違った人材を育成し、組織を弱くさせてしまいます。犠牲者を出すようなマネジメントは許されません。メンタルダウンの職員が一定の割合を超えると、加速度的にメンタルダウンの職員が急増するといった負のスパイラルを起こしてしまいます。

このタイプの人は、「組織のためにあえて厳しく指導している」「組織のため憎まれ役を買って出ている」と主張します。しかし、実際には「組織に多大な損失を与える」結果を招いています。

このタイプの人は、「自分基準」を捨てて、「自分を相対化」し、また、「勘と経験だけのマネジメント」を捨て、「理論に基づくマネジメント」を学び、自分の価値観を変えることが必要です。

パワハラは、組織を壊す愚行にほかなりません。

Point

- パワハラを組織のための「必要悪」と間違って考えてはならない。
- そのような考えを持つ人の内心には、「自己正当化」があるかもしれない。
- パワハラは、組織のためにもならない愚行であると考えよう。

5 パワハラタイプ②
マネジメントスキルが不足している人

●適切な方法がわからない

二つ目のタイプは、「マネジメントスキルが不足」している人です。部下の行動を変えたい、また、変えることが上司としての自分の部下としての責任と考えているのですが、その適切な方法を知らない人です。そのため、限られた自分の部下としての経験を思い出し、つい部下に「恐怖を与える」という方法で接してしまうのです。

人は恐怖で支配できますが、それには限界があります。それは「面従腹背」です。上司の前では従順な行動を取りますが、決して心は変わっていません。心のバランスを保つため、「表裏のある行動」に走らせてしまうこともあります。もう一つは、「長続きしない」ことです。伸びたゴムのように、一定の限界を超えると最後は切れてしまい、メンタルダウンしてしまうこともあります。

●ついパワハラ的なマネジメントを…

このタイプの人は、自分のマネジメントスタイルに対する客観的な視点を持たず、また、部下が自分に忠実であることから、むしろ自分のスタイルに自信を持ち全く疑いも持たない人がいます。ある日部下が突然メンタルダウンして初めて気がつくという結果になります。このタイプの人は、パワハラを必要悪として正当化している人ではありません。パワハラは悪いと思い、自分もしないように心がけている人です。しかし、マネジメントスキルが不足しているために、ついパワハラ的なマネジメントをしてしまうというタイプです。「故意」ではなく「過失」タイプと言い換えられます。

このタイプは、「理論に基づくマネジメントスキル」を学ぶことでパワハラを起こさないように「矯正」することが可能です。このタイプの人に、「パワハラ防止研修」でパワハラは悪いことだと繰り返し教えてもあまり効果は期待できません。それより、例えば、教育は「本人が努力して変えられるものを変えるよう促す行為」であり、人は自分で変わろうとしない限り変われないことなどを理解してもらい、パワハラ的なマネジメント以外の方法で部下の行動を変えることができる具体的な手法を理解、実践してもらう必要があります。そのため、このタイプの人には、「理論に基づく実践的な人材マネジメントスキル」を学ぶ機会を提供することが必要になります。

Point

- マネジメントスキルがないためにパワハラを起こしてしまうタイプの人もいる。
- 自分のマネジメントスタイルを疑わず、学ぼうとしないことが原因である。
- 理論に基づく実践的な人材マネジメントスキルを学ぼう。

6　パワハラタイプ③　パワハラに関する知識が不足している人

●知識不足に注意

最後のタイプは、「パワハラに関する知識が不足」している人です。これまでもパワハラに関する知識が不足しているためにパワハラをしてしまう人がいましたが、パワハラの防止が法令で定められたことから、今後は、この知識不足によるパワハラが起きないようより一層徹底しておく必要があります。

具体的には、自分が思うパワハラと法令で定められたパワハラが異なり、自分ではパワハラに当たらないと思った言動がパワハラと認定されてしまうことがあり得ます。そして、法令で定められたパワハラの定義は、ほとんどの上司にとってこれまで自分が理解してきたパワハラの定義よりも広いことに注意が必要です。

●自分を過信しない

つまり、全ての職員が一度自分の持っているパワハラの概念を捨て、先入観なく法令で定められたパワハラの定義を学び直す必要があるのです。

パワハラ防止の研修を受講するなど正しい知識を身につける機会を積極的に活用して、「過失」によるパワハラを自ら未然に防ぐ姿勢が求められます。

パワハラの防止が法定化されたということは、「知らなかった」ではすまされないだけでなく「知らなかった」ことの責任がさらに問われるようになったことを意味します。

自分を過信せず、自分もこのタイプに該当する一員であると考えて、パワハラに関する正しい知識を身につけることが全ての職員に求められます。

Point

・パワハラの防止が法定化されたため、全ての職員がこのタイプになるリスクが高まった。
・多くの職員にとって、自分が考えてきたパワハラが法令で定めるパワハラより狭い可能性がある。
・一度完全にリセットする気持ちを持って謙虚にパワハラの知識を学ぼう。
・「知らなかった」ではすまされないどころか、「知らなかった」ことの責任がさらに加わると理解しておこう。

7 パワハラ都市伝説①「怒るとパワハラ、叱るのはOK」は嘘

●「怒り」とパワハラは別で考える

世間ではパワハラに関するまことしやかな嘘が蔓延しています。その典型例が、「怒り」が含まれる言動だけがパワハラに当たるという嘘です。パワハラという言葉がまだ世間で一般的でない時期においては、多くの人にイメージしてもらうために詳しい説明をあえて省き、パワハラに当たる言動の一部を典型例として語る必要があったかもしれません。しかし、今や「怒るとパワハラ」という言葉はあまりにも雑過ぎて、多くの人に誤解を与え、パワハラに対する正しい理解をむしろ困難にさせています。

法令で定められたパワハラの定義には「怒り」という要素は含まれていません。「怒ったらパワハラ、叱ったらパワハラではない」というのはズバリ言えば、「都市伝説」です。例えば、冷静に長時間叱り続けてもパワハラになり得ます。「怒り」がパワハラの定義と無関係なこと

を示す典型例は、「無視することもパワハラ」になり得ることです。

●怒っている、怒っていないは関係ない

確かにパワハラに当たる言動のうち、「精神的な攻撃」の多くが、「上司が部下に自分の怒りをぶつける」というパターンであることは事実です。しかし、パワハラの定義はそんなに狭くありません。パワハラと訴えられた時、自分は一切「怒っていない」と言っても弁明にはなりません。「怒りを抑えて叱った」としても叱り方を間違うとパワハラになります。

怒っている人に「怒っていますか？」と尋ねれば、多くの人は「怒っていない」と答えるでしょう。人それぞれ怒りを測る物差しは違います。マネジメントスタイル自体を変えない限り、自分の中である程度怒りをコントロールできたとしても、パワハラを繰り返してしまいます。

確かに怒りをコントロールすることは重要です。しかし、怒りをコントロールすることとパワハラをしないということの距離は遠く、直接的な関係性にはないと理解すべきです。

今でもあえて怒りを中心にパワハラを説く「専門家」がいて、人気を博しています。しかし、法令で定められたパワハラの定義を客観的に正しく理解さえすれば、怒りが中心的な要素でな

いことは明白です。
パワハラは「間違ったマネジメント」を広く含んだもので、怒りが原因である言動はその一部にすぎません。

Point

・「怒り」が含まれる言動だけがパワハラというのは嘘である。
・怒りをコントロールするだけでは、またパワハラを起こすことになる。
・パワハラに当たる言動は、「間違ったマネジメント」全般にわたる。
・マネジメントスタイルを見直そう。

8 パワハラ都市伝説②「誰にも同じ基準が適用される」は嘘

●相手との関係性で基準は様々

パワハラに関する誤解として多いのは、「誰にでも同じ基準が適用される」というものです。法令でパワハラという言動が規制されるのだから、平等に同じ基準が設定されているはずだと多くの人が考えます。しかし、社会のルールの中には、行為者がどういう立場で、相手とどのような関係にあるかで異なる基準が適用されるものがあります。パワハラのルールは正にその典型であり、実際、パワハラに当たるか否かの認定は、個別のケースごとに様々な状況を加味して総合的に判断されます。パワハラの定義の中の要件の一つ「優越的な関係」にも、人事権がある場合から単に仕事の指示命令権があるに過ぎない場合まで濃淡があります。大きな権限を持つ人は多くの人に対して優越的であることを自覚し、責任のある言動が求められます。

●パワハラの基準には幅がある

また、パワハラは相手の受け止め方も要素の一つであることに間違いはありません。これは、相手が納得してさえいれば、一般的基準に当てはめればパワハラに当たる言動も許されるという意味ではありません。このことは絶対誤解してはならないことです。しかし、逆にこのことをもって相手の受け止め方は一切関係がないと考えるのも間違いです。

正しいマネジメントとは、自分と相手の双方向のコミュニケーションによって作られる関係性に大きくかかわります。信頼関係が構築されている場合の言動とそうでない場合の言動では、同じ言動でも受け止め方が違うのは当然のことです。

パワハラに当たる典型的な言動を理解することは、パワハラに関する正しい理解を深めるために有益です。しかし、それはあくまで「目安」として理解しましょう。また、それ以外の言動は許されると「反対解釈」してもいけません。行為者と被行為者という二人の組み合わせ次第で、行為者の同じ言動でも被行為者の受け止め方は異なります。

パワハラの基準には幅があると理解しておくことが必要です。

Point

・パワハラに当たるか否かは、二人の関係性も含めて総合的に判断される。
・しかし、相手が納得してさえいれば何をしてもよいという意味ではない。
・パワハラに当たる典型例はあくまで「目安」として理解する。
・「典型例に該当しない言動はパワハラではない」という反対解釈をしてはならない。

9 パワハラ都市伝説③「パワハラは管理職だけの問題」は嘘

パワハラ防止研修の受講者を管理職に限定しているところがありますが、それは間違いです。その理由は次の二つです。

●部下もパワハラの加害者になり得る

一つ目の理由は、法令で定められたパワハラの定義によると、パワハラの行為者は管理職に限らないことです。従来、逆パワハラと呼んでいる部下から上司に対するパワハラもパワハラの一つとされています。仕事が属人化された状況の職場では、ベテランの部下が異動してきた上司に反抗して、指示命令を無視することも決して少なくありません。このような場合、これまでは上司の力量がないとして不問に付され、上司も誰にも相談できず悩みを抱えたままといううケースも多くあったと思われます。しかし、このようなケースもパワハラとして整理され、部下の上司に対する言動の一部は個人間での問題と整理せず、組織的な問題と位置付け、問題を無くしていくことが求められるようになったのです。パワハラに関して、加害者は上司に限定されないというように整理されたことは、画期的な出来事と言えるかもしれません。

●被害者を救うためにも全員に周知

もう一つの理由は、パワハラの真の被害者を救済するためです。何がパワハラに当たるかを含め、パワハラに関する正しい知識を全ての職員に共有しておくことが、パワハラを防止するためには必要不可欠です。何がパワハラに当たるかについての正しい知識がないとパワハラ的な言動を受けた場合、どうすればよいのかわかりません。特に、相談体制についての情報は、全ての職員が利用可能なように共有しておく必要があります。管理職だけがその情報を独占していようだと、むしろ、不信感を招きかねません。

パワハラは全ての職員の問題と位置付け、全ての職員に研修を受講させて、皆が「自分事」としてパワハラ防止を理解しておくことが重要です。

Point

・パワハラは管理職だけの問題ではない。
・いわゆる逆パワハラもパワハラの一つである。
・被害者を救済するためにも全ての職員を対象にパワハラ研修を行い、情報を共有しておこう。

10 パワハラ都市伝説④「罰則が無いので大げさに考える必要はない」は嘘

●法的な罰則はなくても懲戒処分はされる

いわゆるパワハラ防止法と俗称される労働施策総合推進法には、パワハラをした人に対する罰則規定はありません。罰則がないことから、この法律の有効性を疑問視する報道も多くあります。しかし、法律で罰則がなくても、組織内のルールで裁かれます。公務員の場合、自分の所属する組織のパワハラに関する部内規程の具体的な内容に若干の差があったとしても、パワハラをした場合には、信用失墜行為等の服務上の問題を起こしたことを事由として処分されます。

法律的、具体的に措置することが義務付けられているのは雇用主であって、個人にパワハラを禁止するような規定は確かに置かれていません。しかし、雇用主がパワハラを防止するために採るべき措置の中に、パワハラをした場合の処分に関する規定を整備することなどが求められています。法律に罰則規定がなくパワハラについて緩い規定しか存在しないからといって、大げさに考える必要はないと理解するのは間違いです。

●公務員は特に厳しい

人事院が定める「懲戒処分の指針」では、パワハラの代表的事例及びその事例に対する標準的な懲戒処分の種類が次のとおり掲げられています。

・パワハラを行ったことにより、相手に著しい精神的又は身体的な苦痛を与えた職員
↓停職、減給又は戒告
・パワハラを行ったことについて指導、注意等を受けたにもかかわらず、パワハラを繰り返した職員
↓停職又は減給
・パワハラを行ったことにより、相手を強度の心的ストレスの重積による精神疾患に罹患させた職員
↓免職、停職又は減給

この例からもわかるとおり、公務員の場合は、特に厳しく処分されると理解しておくべきで

す。住民との関係で高い人権意識が求められる公務員は、たとえ職員同士であっても、人権侵害のような言動をしていることが明るみになると、住民から組織全体に対する信頼が損なわれ、円滑な行政の執行にも多大な影響を与えてしまいます。

決して内部だけの問題であると軽く考えないことが肝要です。

「住民の信頼なくして適切な行政執行なし」を自覚して、パワハラの防止に積極的に取り組みましょう。

Point

- 法律に罰則規定がなくても、パワハラを軽く考えてはならない。
- パワハラをすれば、厳しい処分が待っている。
- 公務員には、パワハラの防止が特に厳しく求められることを自覚しておこう。

11 パワハラを受けたら

自分がパワハラの加害者にならないようにするのはもちろんですが、同時にパワハラの被害者にならないようにすることも求められます。しかし、これは決してパワハラの被害者に非があるという意味ではありません。パワハラの標的となる人にも原因があると言う人がいますが、その考え方は、パワハラは「必要悪」であるかのような誤解を生み、パワハラに対する正しい理解を妨げます。むしろ誰もがパワハラの標的になるとの前提に立ち、他人事ではなく「明日は我が身」という意識を持ち、標的になった人と協力して立ち向かうぐらいの姿勢が求められます。

●早期に誰かに相談を

ここで、パワハラを受けたらどうすべきかについて考えることの目的は、自分へのダメージを最小限に留めるためにどう行動すべきかをあらかじめ考えておくためです。

まず、被害を深刻化しないためには、一人で抱え込まずに、早期に誰かに相談することです。組織内に相談員の体制がある場合は相談員に相談してみましょう。国家公務員の場合は人事院、自治体職員の場合は人事委員会、公平委員会に相談することも可能です。ギリギリまで我慢して一人で悩む期間が長くなると相談する力さえ失いかねません。誰かに相談することによって、心に余裕が生まれ、正しい対応が取りやすくなることもあります。

相談に当たっては、自分が受けたパワハラの言動に関する情報（日時、内容等）をできる限り客観的に示すことができるよう準備しておくとよいでしょう。そして、例えば、人事当局に報告することを望むか否かなど、自分が望む具体的な内容もできるだけ整理しておくことも望ましいといえます。ただし、この準備がハードルとなり、相談することを遅らせてしまっては本末転倒です。「一人で悩まないこと」が最も重要です。

●相手にはタイムリーに自分の意思を伝える

また、パワハラには、行為者の方に全く自覚がないこともあります。「こいつはいじられキャラだから」と決めつけ、親しみの意思表示として不快な言動を続けるようなケースです。パワハラの形態にもよりますが、自分が不快である旨を冷静に行為者に伝えることで解決できる場合もあり得ます。ただし、自分の意思を相手に伝えるタイミングはできるだけタイムリーに行う必要があるでしょう。パワハラが日常的に行われるような両者の関係性が完成した後では、なかなか真意が伝わりにくいからです。感情的にならず、自分の受け止め方を伝えて冷静に話し合うことができれば、「認識の違いによる悪意のないパワハラ」については、両者の間で解決できるかもしれません。ただし、そのような対応をしても状況がさらに悪化するようなケースもあります。そんな場合は、両者の間だけで解決しようと頑張り過ぎず、誰かに相談しましょう。

Point

- パワハラの被害者に非はなく、誰もがパワハラの標的になり得る。
- 自分へのダメージを最小限に留めるため、パワハラを受けたら一人で抱え込まず、早期に誰かに相談しよう。
- 「認識の違いによる悪意のないパワハラ」を受けた場合は、行為者に「自分の気持ち」を冷静に伝えよう。
- ただし、両者の間で解決しようと頑張り過ぎないことも重要である。

COLUMN

「多面評価制度」でパワハラを防止？

パワハラを防止するための具体的な方策として、上司だけでなく部下や同僚も評価する「多面評価制度」が現在注目されています（「多面評価制度」とは、以前は「360度評価」という言葉で呼ばれていたものです。）。

上司の中には、「上司の言うことは絶対であり、自分は上に従順で部下にも同じことを求め絶対服従を強いる」タイプがいます。このようないわゆる「ヒラメ上司」タイプの上司には、比較的パワハラをしている職員が多いと言われます。しかし、このタイプは上から見ると自分には従順であるため、ソフトな印象がありとてもパワハラをするタイプに見えないことが多々あります。そこで、「裏の顔」を知るため、様々な角度から情報を集めてその人の本当の姿を確かめる手段である「多面評価制度」に期待が集まっています。それと同時に、部下が上司を評価することで、力のバランスが取れて、一種の抑止力が働くという期待もあります。つまり、パワハラの事実が通報されるということで、あらかじめパワハラが抑制されるという期待です。

この「多面評価制度」は、確かにこのような抑止力の効果が期待できます。組織の不祥事を防止するための政策として、外部通報制度が一定の機能を果たしているのと同じです。パワハラの被害を受けた部下が制度に守られた上でその被害を正式に通報するという訳ですから、一定の歯止めになることだけは間違いありません。

しかし、同時に「多面評価制度」のデメリットを指摘する声もあります。それは、次のとおりです。

・**陰湿化**

パワハラがさらに陰湿になる危険性があるという点です。パワハラの行為者が先手を打って、被害者に対して、自分を厳しく評価しないよう様々な方法で圧力をかけるのではないかという懸念がありります。

・**報復**

実際に自分が厳しく評価された場合、誰が自分を厳しく評価したか「犯人探し」をして、その職員に報復を加えるという懸念です。

・**自己保身**

上司は部下に対して、パワハラの防止と厳しい指導を時に両立させなければなりません。パワハラの防止のために厳しい指導をしない。それは、上司としての役割を放棄した間違った対応と言わざるを得ません。しかし、「多面評価制度」によって自分の評価が悪くならないことを最優先し、必要な場合でも部下を叱らない上司が誕生してしまうという懸念です。「叱らない上司」が増殖すると人が育たなくなり、その組織は組織の使命を忘れた「仲良しクラブ」へと変わってしまいます。

・**取引**

仲の良い部下に、「互いに良い評価をつけよう」と裏取引をもちかける懸念です。そうすると評価は正確でなくなり、もしもある部下がパワハラを訴えたとしても、それを打ち消すような別の部下の評価が存在し、相殺されて被害がないように扱われかねません。

以上のように、「多面評価制度」にも多くの懸念があります。しかし、だからといって「多面評価制度」を全面的に否定し、制度の導入に二の足を踏むことには疑問があります。運用に当たって、様々な工夫をしながら導入することを考えてみてはどうでしょうか（国家公務員の場合、すでに多くの省庁で実施しています。）。

次のような工夫が考えられます。

・**これまでの人事評価とは一線を画す。**

上司からの評価と足し合わせることはしない。つまり、既存の人事評価とは別扱いにして運用するということです。いわばレッドカードのようにしか扱わないことで、抑止力の効果を期待するという制度になります。

・**人事には一切使用しない。**

人事評価と一線を画すどころかそもそも人事制度ではなく、部下には自分がどのように見えているかということに関する情報提供制度と位置付けるアイデアです。匿名性を確保するために第三者を経由する必要はありますが、人事当局には知らされないルートで上司にだけ伝え、上司自らの反省材料にしてもらうという発想です。実際、上司のマネジメント能力を向上させるための制度と位置付け、人材育成部門が担当しているケースもあります。

「多面評価制度」は使い方次第では副作用のある劇薬でもありますが、パワハラ防止の特効薬であることだけは間違いありません。「適切な服用」に向けて前向きに検討することをお薦めします。もしも全員が正しいマネジメントをしているのであれば、反対する理由は存在しないはずです。

COLUMN

指針でパワハラの境界線が示されるはずでは？

厚生労働省のパワハラ防止指針では、該当すると考えられる例とともに、該当しないと考えられる例が示されています。法律が制定される際に、指針（省令）において、該当する場合と該当しない場合の両者が示されることとされたことから、パワハラの境界線が示されるのではないかという関心と期待が集まりました。しかし、結論的には、境界線は示されなかったと言えます（少なくとも「線」ではない）。

具体的に見てみましょう。厚生労働省の指針で示されているパワハラの六類型のうち、「身体的攻撃」の記述は、次のようになっています。

○ 該当すると考えられる例

・殴打、足蹴りを行うこと。

・相手にものを投げつけること。

○ 該当しないと考えられる例

・誤ってぶつかること。

指針においてパワハラの境界線が示されることを期待していた人々の多くは、率直に言ってこの部分を読んで失望したかと思います。「当たり前のこと」しか示されていないからです。境界線ではなく、境界線から程遠い誰もが疑問に思わないであろう極端なケースしか示されませんでした。しかしそもそも、境界線、つまり限界事例を示すことには無理があったと言えます。これまでパワハラと認定されてきた事例も「総合的に勘案」した結果であり、言動とパワハラが一対一の関係で判断されたことはないからです。

一方、人事院のパワハラ防止指針では、該当しないと考えられる例は示されていません。明確な境界線は示せないことを踏まえた判断と言えるかもしれません。

人事院の指針で明確なことは、次のとおりです。

・人格否定は、無条件にパワハラになる。
・業務遂行上必要な指導であっても、必要以上の長時間な叱責を繰り返し行うとパワハラになる。
・公然と大声で威圧的な叱責を繰り返すとパワハラになる。
・能力を否定し、罵倒するようなメールを本人以外にも送付するとパワハラになる。
・問題行動が改まらない職員への強い注意は、一定程度までなら許される。
・業務内容等からみて重大な問題行動を行った職員への強い注意は、一定程度までなら許される。

筆者が人事院の指針を基にわかりやすく整理すると、このようになります。しかし、これでも統一的な表現には整理できません。例示の意味は、様々なケースについてパワハラか否かを判断する際の目安にすぎません。典型例で示された「パワハラに該当すると考えられる例」から類推して、具体的な事例を判断することには常に慎重でなければなりません。

例えば、問題行動を取り続ける職員に対する言動とそうでない職員に対する言動では、同じ言動であってもパワハラに該当するか否かの判断が異なることがあります（ただし、人格否定に当たる言動のように、相手を問わずパワハラとなる言動もあります。）。

パワハラは一度の言動だけで客観的に判断されるのではなく、目的と手段に「正当性」と「相当性」があるかなど、様々な要素を総合的に勘案して判断されます。〇×問題などでわかりやすくパワハラの境界線を解説する「魅力的な」書物や研修講師には注意が必要です。

第3編

セクハラの基本的理解

第1章 セクハラをしないために

sexual harassment

1 セクハラに当たる言動

●公務員の「セクハラの定義」を正しく理解

自分がセクハラをしないためには、何がセクハラに当たるか、つまり、セクハラの定義を正しく理解しておく必要があります。全国各地でハラスメント防止研修の講師をしてきて一番驚くのは、どのような行為がセクハラに該当するかについての正確な知識に欠けた職員が未だ多いことです。まず、自分の持つ「セクハラの定義」を疑ってみる必要があります。

「男女雇用機会均等法と同じ内容の部内規程を持つごく一部の自治体の職員」を除き、ほとんどの公務員に適用される「セクハラの定義」は、人事院規則に準じた公務員特有の内容で、民間のセクハラの定義よりも広くて厳しいものとなっています。まず、このことに注意が必要です。

具体的に見ていきましょう。

まず、セクハラは、「**他の者を不快にさせる職場における性的な言動及び職員が他の職員を不快にさせる職場外における性的な言動**」と定義されています。これを分解してわかりやすく整理するとこうなります。

・**性的な言動であること**

なお、この性的な言動の範囲については、具体例を学び理解するほかありません（後で詳しく説明します。）。

・**職員であれば場所を問わないこと（つまり職場に限定されないこと）**

男女雇用機会均等法は、「職場に限定」しています。

・**職場であれば相手を問わない（つまり職員に限定されないこと）**

男女雇用機会均等法は、「職員に限定」しています。

●被害者は職員以外も対象

現在、就活生に対するセクハラが問題となっています。外部の者である就活生が被害者の場合は、男女雇用機会均等法ではセクハラに該当しないという問題です。しかし、行為者が公務員であれば、セクハラになり得ます。

ほとんどの公務員には、被害者は職員に限定されないといったルールが適用されているからです。

この決定的な違いについては、繰り返し強調しても し過ぎることはありません。なぜなら、公務員向けのハラスメント防止研修や書籍等でも間違った内容のものが多く、真面目に学んだ職員が逆に間違ってしまうという実情があるからです。

まず、自分にとってのセクハラの定義を正しく理解しておきましょう。

Point

・公務員と民間ではセクハラの定義が大きく異なる。
・公務員のセクハラの定義は民間よりも広くて厳しい内容となっている。
・職員の間であれば、場所を問わない（職場以外の言動も含まれる）。
・職場であれば、相手が職員であることを問わない（外部の者への言動も含まれる）。
・「公務員向け」の研修でも間違った内容のものがあるので注意しよう。

2 「性的な言動」とは？

それでは、セクハラの定義のうち、「性的な言動」とは何かについて説明します。「言動」という言葉で定義されているのは、「発言」と「行動」の二つです。

「発言」の主な典型例は、次のとおりです。

- 性的な事実関係を尋ねること。
- 性的な内容の情報や噂を流布すること。
- 性的な冗談やからかいをすること。
- 食事やデートへの執拗な誘いをすること。
- 個人的な性的体験談を話すこと。

「行動」の主な例は、次のとおりです。

- 性的な関係を強要すること。

・必要なく身体へ接触すること。
・わいせつな図画を配布・掲示すること。
・強制わいせつな行為等をすること。

注意すべきポイントは、次のとおりです。

・異性に対するものに限らず、同性に対するものも含まれること。
・相手の性的指向（恋愛感情又は性的感情の対象となる性別についての指向）又は性自認（自己の性別についての認識）に関する性的性質を有する言動はセクハラに該当すること。
・「冗談のつもり」という弁明は通用しないこと。
・「外部の者に対する言動」も含まれること。
・職員間の言動は、職場に限定されないこと。

●「平均的な職員の感じ方」が基準

セクハラについては、発生状況が多様であり、判断に当たり個別の事情や背景を総合的に判断することが必要になります。

被害の深刻度と言動の回数にも関係があり、強い精神的苦痛を与えるような場合は、一度だけの行為であってもセクハラに該当します。

比較的精神的苦痛の度合いが浅いとされる言動の場合、継続的又は繰り返し行われるケースに限定されますが、その場合でも相手が明確に抗議しているにもかかわらず行われた場合や心身に重大な影響を受けていることが明らかな場合には、その限りではありません。

さらに、「受け手基準」は原則であり、必ずしも受け止める側の判断だけでセクハラか否かが決まるものではありませんが、受け手の受け止め方が大きな判断要素であることに留意する必要があります。その場合「平均的な職員の感じ方」が基準とされますが、その「感じ方」は男女でも違いがあるとされています。被害を受けた職員が男性の場合は、「平均的な男性職員の感じ方」が、被害を受けた職員が女性の場合は、「平均的な女性職員の感じ方」が基準とされます。

Point

・「性的な言動」は性的な「発言」と「行動」からなり、それぞれに該当する典型例を理解しておこう。
・セクハラは同性の間においても該当する。
・セクハラは「外部の者に対する言動」も含まれる。
・セクハラは「性的指向」や「性自認」に関する性的性質を有する言動も含まれる。
・セクハラか否かは「平均的な職員の感じ方」が基準とされているが、判断に当たっては「受け手の受け止め方が重視される」ことに十分注意しておこう。

3 「対価型」セクハラとは?

●セクハラの類型を知る意味

セクハラには、「対価型」と「環境型」の二種類があります。この類型を知る意味は、「何がセクハラに当たるか」を理解する手がかりを得ることです。自分勝手にセクハラの定義を狭く捉え、「見解の相違である」と主張しても退けられます。法令で規制の対象となるセクハラの範囲を正しく理解しておかなければ、むしろ理解していなかったことの責任が問われることになります。

そういった意味において、法令で規制されているハラスメントは、モラルの問題ではなくコンプライアンスの問題です。特に、私的な動機から起こしてしまうセクハラは、注意が必要になります。仮に「個人的な問題である」と主張しても、法律で規制されているセクハラの範囲で行われた言動は、「個人的な問題ではない」からです。

とかく「どこまでがセクハラか？」という表現で語られますが、それは実質的に「どこまでが法令で規制されているセクハラか？」ということを意味します。「個人的な問題では済まされない言動の範囲」を正しく理解するため、まずは法令で規制されているセクハラの内容を理解しておきましょう。

●不利益を与えるだけが該当するわけではない

まずは「対価型」セクハラについて説明します。このタイプのセクハラの定義は、次のとおりです。

「**職員の意に反する性的な言動に対する職員の対応（拒否や抵抗）により、その職員が解雇、降格、減給、契約の更新拒否、昇進・昇格の対象からの除外、客観的に見て不利益な配置転換などの不利益を受けること**」

典型例は、上司が部下に恋愛感情を抱き、一対一で会うように様々な誘いをして、部下が拒絶すると閑職に異動させるなどの報復を行うケースです。しかし、実際に不利益を与えた場合だけがセクハラとなるのではありません。それを示唆して、意思に反して相手を従わせる行為もセクハラになることに注意が必要です。

Point

- セクハラを「対価型」と「環境型」に分けて理解するのは、法令で規制されているセクハラの範囲を正しく理解するためである。
- 「個人的な問題では済まされない」ことをしっかり理解しておく。
- 意思に反して相手を従わせる行為は広くセクハラになることに注意をしよう。

4 「対価型」セクハラをしないために

「対価型」セクハラを理解する上で注意すべきこと。それは、「対価型」セクハラの定義では「不利益を受けたこと」が要件となっていますが、実際に問題となるケースの中には、不利益を受ける以前に被害者が拒絶の意思を示せなかったケースが多いということです。その場合、被害は深刻であるにもかかわらずなかなか表面化せず、上司の中には「同意があった」と勘違いして、「間違い」を積み重ねてしまうこともあります。

●拒絶できなかった可能性

弱い立場にある人は、自分より強い立場にある人に対して明確に拒絶の意思を示しにくいのです。セクハラと認定されたケースの中には、加害者の側に全く悪意がないケースも含まれます。しかしたとえ、悪意がなくてもセクハラになり得ます。セクハラをしないためには、「拒絶されなかった」ことを自分勝手に「同意があった」と理解しないこと、また、相手が「拒絶できなかった」かもしれないと考えることが重要です。

●勘違いをしないよう留意

上司・部下の関係のような相対的に強い立場と弱い立場の場合、上司は特に勘違いをしないよう留意することが求められると言えます。勘違いしてしまう上司には、これまでモテなかった真面目な上司が多いという分析もあります。「急にモテ始めた」のは、自分の「勘違い」かもしれないと自覚して、慎重に行動することが必要です。

Point

・「拒絶されなかった」ことを自分勝手に「同意があった」と理解しないこと。
・「急にモテ始めた」のは自分の「勘違い」かもしれないと考えよう。

5 「環境型」セクハラとは？

●「対価型」との違い

「環境型」セクハラの定義は、次のとおりです。

「職員の意に反する性的な言動により職員の就業環境が不快なものとなったため、能力の発揮に重大な悪影響が生じるなどその職員が就業する上で看過できない程度の支障が生じること」

「対価型」セクハラとの違いは、「対価型」セクハラが行為者の性的言動と被害者の不利益が一対一の関係で直接結びつけられるのに対して、「環境型」セクハラは直接的な関連が無い場合も含まれる点です。「対価型」「環境型」という言葉は定着し、今もセクハラはこの二つで分類されています。

●今の時代に合わせて考える

「環境型」セクハラの典型例は、「日常的に身体的な接触をとる（後ろから肩を揉むなど）」、「卑猥な冗談をいう（下ネタなど）」です。セクハラの法規制が始まった当初は、公務職場の中には、ヌードや際どい水着のポスターやカレンダーが壁に貼られているところも少なくありませんでした（今では信じられない話ですが、社会一般にそのようなものが広く流通していたのも事実です）。そのため、今も指針などの表現にはそのようなものが例示されています。例えば、カラオケでのデュエットやチークダンスの強要という例示です。しかし、セクハラとなる行為がそれらに限定されると理解してはいけません。そもそも、今の世代の人にはそもそもピンとこないと思いますが、今で言えばSNS上で繋がることを強要するとか、過激な画像を送信することなどが該当すると思われます。セクハラ指針に書かれているものは、あくまで例示であると捉え、性的な言動か否か、不快であるか否かで慎重に判断することが求められます（もっと言えば、テレワークが一般化してきた現在、「就業環境」を考える際にセクハラを物理的な職場や身体的な接触場面だけに限定すること自体に限界があり、正しくアップデートすべき時期にきていると考えられます）。

Point

- 「環境型」セクハラは直接的な関連が無い場合も含まれる点において、「対価型」セクハラと異なる。
- 指針に書かれている典型例はあくまで例示であると捉えて、時代の変化を踏まえて判断することが求められる。

6 「環境型」セクハラをしないために

「環境型」セクハラの多くは行為者に悪意がありません。自分の価値観と社会や相手の価値観とのズレが主な原因です。自分がされて平気な行為でも、それを不快に感じる人が大勢いることを理解できるかどうかが問われています。不快だとしても許容範囲だと思い、自分の行動を改めようとしない人もいます。しかし、不快に感じる人が常に明確に拒絶の意思を示すとは限りません。事を荒立てずに、自制してくれることを待つ人がむしろほとんどかもしれません。少しでも抗議されたら、それがたとえ穏やかな抗議であっても自分の行動を改める姿勢が求められます。

●相手が嫌がるコミュニケーション

「環境型」セクハラについては、実は本音では納得できないと主張する人もいます。容姿を褒めたり、ボディータッチをしたり、時に猥談を言うのもコミュニケーションの形態の一つであるという主張です。そのような親しみを表現する言動を全てセクハラと言うとむしろ人間関係がギクシャクするとまで主張する人もいます。しかし、そのような主張に正当性があるとは思えません。相手が嫌がるコミュニケーションを、仕事を目的に人が集う場であり、また、逃げ場のない「職場」で行う必要があるでしょうか。それら以外の手段で親しい関係は作れないのでしょうか。セクハラと言うことで全てが禁じられてしまうというのも嘘です。だからこそ、セクハラの境界線は明確に示せないのですが、全てが禁じられてもいないのに「全てを禁じるのがおかしい」と主張し、「全てが禁じられていない」ように立ち振る舞うのは矛盾です。

●人間関係の基準

また、セクハラかどうかは行為者の判断ではなく、原則として被害者の判断によります。この「受け手基準」と言う原則についても、本音レベルで「納得ができない」と言う人もいます。「美男子がやったらセクハラでないのに、自分がやるとセクハラと言われる」のは不公平であり、客観性、普遍性がないルールはおかしいという主張です。しかし、人間関係に基準を設ける以上、幅があるのは当然と言えます。夫婦、親子で許される言動を他人にすると時に犯罪となることからも当然のことです。「全てをセクハラと言う」のは間違いですが、「受け手基準の原則を否定する」のも間違いと言えます。

セクハラは、業務執行と一体的なものではなく、業務の必要性で正当化されることはないことから、パワハラやマタハラ（パタハラ）とはその性質を異にします。職場は私的な感情を満たす場所ではなく、「職場に持ち込まない、持ち込ませない」ことが可能です。

仕事をする仲間を尊重し、一人ひとりが能力を十分に発揮できるよう、職場環境を良くすることを日々心がけましょう。

Point

- 自分の価値観だけで行動しない。相手が不快に感じる行動はしない。
- 明確に抗議されなくても、被害を生んでいる可能性がある。
- セクハラは業務執行とは無関係であり、職場は私的な感情を満たす場所ではない。
- 職員一人ひとりを尊重し、職場環境を良くする気持ちを持とう。

7 公務員がセクハラについて特に注意すべき点

●公務員には強い権限があると思われている

公務員は、外部の人からすれば、全ての職員が強い権限を持った「怖い」存在に見えます。実際に持っている権限が小さくても、外部の人からは、対応する公務員がどんなポストに就いているか、そして具体的にどのような仕事をしているかもわかりません。公務員同士であれば、外部の人が思うほど強い権限を持っていないことがわかるのですが、公務員経験者でもない限り、多くの人は強い権限を公務員は持っていると思いがちです。

公務員のセクハラの定義は、民間と違って、外部の者に対する性的な言動も含まれます。つまり、相手が公務員でなくてもセクハラとなります。つまり、業務上で接触する外部の者に対する言動がセクハラとなり得ること、また、その外部の者が「公務員は権限を持っている」と考えていることが多いということに十分注意する必要があります。

なぜならば、「同意があったか否か」を判断するには、「拒絶できたか否か」が主な判断材料となりますが、「権限がある人には拒絶の意思を示しにくい」と推定されるからです。仮に、相手が拒絶できなかったとは夢にも思わず、「同意があった」と信じていたとしても、裁判では、客観的に拒絶の意思を示すことが容易であったかどうかが問われます。逆の言い方をすれば、同意があったと行為者が信じていたかではなく、同意があったと信じることに蓋然性があったかどうか（確実性、可能性）が客観的に問われるのです。

また、実際の権限の有無を意味しているのでもありません。外部の者が権限についてどのように考えていたかが客観的に判断されます。たとえ勘違いで拒絶できなかったとしても、勘違いすることに蓋然性があれば拒絶できなかったとされ、「同意があった」という主張が退けられることになり得ます。

●疑われない行動を

行為者側からすれば、恋愛破綻による逆恨み。被害者側からすれば、妄想による一方的なセクハラ。このような争いは、当事者同士にしか真実はわからず、最後まで真相は藪の中ということがあります。刑事の場合は、「疑わしきは罰せず」で不起訴であっても、民事の場合は、どちらかに軍配を上げることになります。さらに言えばたとえ民事裁判に勝ったとしても、懲戒処分の対象となることがあります。

セクハラをしないことは当然ですが、セクハラをしたと疑われるような行動もしないことが求められます。公務員の場合は、外部の人から権限があると思われることが多く、相手が拒絶しにくいこと、また、争いになった場合は、拒絶しにくいと判断される可能性が高いことを理解して、日頃から注意を払う必要があります。

Point

・公務員は外部の人から権限があると思われやすい。
・外部の人は公務員に対して拒絶の意思を示しにくい。
・「同意があった」と思いこまず、慎重に行動しよう。

第2章

セクハラ防止に求められる行動

sexual
harassment

1 セクハラが多い職場とは?

●セクハラの多い職場の特徴

セクハラが多い職場には、次のような特徴があります。

・どちらかの性の割合が極端に多い職場（ほとんど男性、ほとんど女性、または、全体の数に差はなくても階層別にみると上位階層はほとんど男性のような職場）

・人の異動が少ない職場（中途採用が少なく原則として終身雇用であったり、年功序列の人事が行われていたりするような職場）

・外部との接触が少ない職場（内部の人だけで仕事が完結する職場、また、内部の意見が常に優先されて外部の声を聴かなくても仕事ができてしまうような職場）
・少数派、弱者、若者の意見が尊重されない風通しの悪い職場（日常的に意見交換が行われていない職場）

以上のような特徴を有している職場は、セクハラを起こしやすい構造的性質を持っていると言えます。それは、既存の価値観に疑問を持たない職場風土、また、たとえ疑問を持ったとしても声を上げることができない職場だからです。もしも皆さんがこのような職場に属している場合には、自分達の職場はセクハラを起こしやすい職場であることを意識して、自らの常識を疑ってみるようにしてください。そして、積極的にセクハラが無い職場を作るため、「組織風土改革」に取り組みましょう。

Point

・セクハラが多い職場には、いくつかの特徴がある。
・そのような組織風土がある場合は、自らの常識を疑い積極的にセクハラの防止に努めるようにしよう。

2 セクハラを無くすための取組み

●集団を変える必要

人の問題行動を防止するには、個人を変えるだけではなく、集団を変えなければなりません。なぜならば、人は一人で行動する場合と、集団の一員として行動する場合とでは、時に違う行動をしてしまうからです。「皆がやっているから」と思って、自分一人ならばやらないようなことをしてしまった経験は誰にもあると思います。もちろん、それがよい場合もあるのですが問題行動に繋がることもあります。

ゴミ一つ落ちていない公園ではゴミを捨てることに躊躇しますが、ゴミだらけの公園では捨てることにあまり罪悪感はありません。

セクハラも同じです。セクハラが黙認されているような職場では、自分のセクハラに関する行動規範が緩くなる傾向になります。自分が属している集団の中での相対的な位置が基準となってしまうのです。このメンバーの中では自分が一番セクハラに厳しく問題行動を起こしていないと思っていても、他の集団では最もセクハラに甘い問題行動を起こす人かもしれないのです。

●集団内の常識と社会の常識

セクハラの無い職場を作るには、集団内の多数派が作ったこれまでの「常識」が果たして社会の「常識」であるか、法律の定めに違反していないかを全員が客観視する機会を定期的に持ち、必要に応じて自分の価値観を変更して行動を改めることが求められます。「これまで許されていた」「どうして自分だけ」という主張は通りません。「過去は許されていた」「他の人は許されていた」ということが仮に事実だとしても、それで自分の行動を正当化することはできません。

全ての職員が働きやすい職場を作るための行動が職員一人ひとりに求められる。そう考えれば、相手の感情を優先し、互いを思いあう良い職場を作る気持ちになれます。自分が多数派に属している場合は少数派の気持ちを考え、また、自分が強い立場にいれば弱い立場の気持ちを考えることが重要です。

Point

・人の問題行動を防止するには、個人だけでなく、集団を変えなければならない。
・セクハラが黙認されている職場では誰もがセクハラを起こしやすくなる。
・集団内の「常識」が社会の「常識」であるかなどを定期的に客観視して、必要に応じて自分の価値観を変更して行動を改めることが求められる。

3 セクハラを受けたら

セクハラを受けたときは、どのように対応すべきでしょうか。被害が深刻な場合はどうすることもできないかもしれません。セクハラを受ける前に、セクハラを受けたときの対応をあらかじめ考えておくことが必要です。

セクハラは、職員全員がいつ被害者になるかわからない「みんなの問題」です。被害者を孤立させないためにも、セクハラを受けた場合の対応について考え、あらかじめ全ての職員が意識を共有しておく必要があります。そのことで、被害を最小限に留め、また、救済を可能にします。

●セクハラ行為者に拒絶の意思を伝える

もしも自分が被害にあったら、一人で悩まずに早い段階で誰かに相談しましょう。パワハラと同じく内部の相談窓口だけでなく、人事院、人事委員会、公平委員会に相談することも可能です。それと同時に、できるだけ早期に勇気を持って拒絶の意思をセクハラの行為者に伝えましょう。何をしても大丈夫であると誤解させてしまうとセクハラは続いてしまいます。セクハラ行為者の弁明の多くは、「同意があった」「嫌がっていなかった」というものです。セクハラの行為者に自分勝手な解釈をさせてはなりません。

●セクハラは被害者だけの問題ではない

そして、自分にも非があるのではないかと考えてしまわないことも大事です。日頃から信頼関係にある人からセクハラをされるとこんな気持ちが湧いてきます。しかし、セクハラは一切正当化することができない言動であり、我慢すると状況はますます悪化し、また、別の新たな被害者を作りかねません。

セクハラは決して許されない問題であり、被害者だけの問題ではない。このことを全ての職員が日頃から共有しておくことがセクハラの防止に必要です。

Point

- セクハラの被害にあったら、一人で悩まずに早い段階で誰かに相談する。
- できるだけ早期に勇気を持って、拒絶の意思をセクハラの行為者に伝える。
- セクハラは決して許されない問題であり、被害者だけの問題ではない。
- 日頃から、被害を受けたときの対応を全員で共有しておこう。

COLUMN

就活生に対する性的言動はセクハラにならない？

我が国には、セクハラに関する一般的な法規制がありません。いわゆる労働法規でのみ規制がなされており、「職場で行うこと」が禁じられているのです。セクハラには刑法犯となり得るような言動も含まれています。そのような言動の場合は、仮に職場以外の場所で行われても処罰の対象となりますが、刑法犯や迷惑条例違反のような一般法で裁かれるような言動以外は「職場」のみがハラスメントの対象となります。

職場とセクハラを一体的に捉え、セクハラを法的に職場の問題と位置付けているのは実は我が国特有です。

現在、就活生に対するリクルーターによるセクハラが規制の対象となっていないことが問題となっています。このようなセクハラは、採用に影響を行使できる立場の人が就活生という弱い立場に付け込んで行う卑劣な行為であり決して許されるものではありません。しかし、我が国でセクハラを規制する男女雇用機会均等法ではこれを規制の対象としていません。このことを問題視して、規制の対象を広げて規制するよう求める動きがあります。私も規制すべきであると思いますが、残念ながら男女雇用機会均等法では規制することはできないと思われます。その理由は、男女雇用機会均等法は労働法規だからです。労働者ではない就活生の権利を保護すべきというのであれば、セクハラを職場に限定しないよう、セクハラを労働法規ではなく一般法規で規制せよと主張する方が理にかなっています。もしかすると、その方がハードルが当面高くなるかもしれませんが、我が国を「セクハラを職場に限定して考える不思議な国」でなくするためには、いずれ通らざるを得ない道と言えます。

※なお、本文にも触れたように男女雇用機会均等法に基づくセクハラ指針と同じ内容の部内規程を持つごく一部の自治体の職員を除き、公務員の場合は就活生に対して性的言動を行うとセクハラとして処分されます。メディアを含めて誰もこのことに触れないため間違って理解している人も多く、注意が必要です。

第4編

マタハラ（パタハラ）の基本的理解

第1章 マタハラ（パタハラ）をしないために

maternity
(paternity)
harassment

1 マタハラ（パタハラ）に当たる言動

●言葉の定義

通称マタハラ（パタハラ）と呼ばれるハラスメントは、妊娠・出産、育児等に関するハラスメントです。このマタハラ、パタハラは和製英語です。外国人には通用しません。パワハラも和製英語であり法律には使われていませんが、社会的な定着度に違いがあるためか、厚生労働省はパワハラという言葉を公式な文書に用いている一方、マタハラ（パタハラ）という言葉は用いていません。しかし、本書では妊娠・出産、育児等に関するハラスメントを「マタハラ（パタハラ）」と呼ぶことにします（なお、世の中では「マタハラ」という言葉だけで全てを意味する場合もありますが、それでは、女性職員だけが被害者に想定されているといった誤解を生みかねないため、男性職員を対象とした配偶者の妊娠・出産及び育児等に関するハラスメントを指す「パタハラ」を加えて、「マタハラ（パタハラ）」としました。）。

●職員の権利を奪うハラスメント

マタハラ（パタハラ）の法令上の定義は、「**職場において行われる上司・同僚からの言動により、妊娠・出産した女性職員や育児休業等を申出・取得した（男性職員も含む）職員の就業環境が害されること**」です。

ただし、言動と就業環境の悪化との間に因果関係があるものに限定されており、業務分担や安全配慮義務の観点から行われる「業務上の必要性に基づく言動」は当たらないとされています。

パワハラ、セクハラと同様、このマタハラ（パタハラ）も具体的な言動だけで境界線を示すことには困難な面があります。しかし、パワハラ、セクハラと比べると複雑ではあるものの言動の行為者を上司と同僚に分け、一回でアウトとなるか、繰り返し継続した場合にアウトとなるかなど比較的基準が具体的に示されています。

また、十分に浸透されていませんが、マタハラ（パタハラ）は既に2017年1月から防止することが法令に規定されているハラスメントです（法令に規定が置かれた順番は、セクハラ、マタハラ（パタハラ）、パワハラの順となります）。

比較的馴染みが薄いマタハラ（パタハラ）ですが、職員の権利行使の障害となる決して許されないハラスメントであり、また、同僚も加害者になり得るなど誰もが加害者になり得るハラスメントです。パワハラ、セクハラと同様、十分に関心を持って注意を払うことが必要になります。

（なお、根拠法が男女雇用機会均等法と育児・介護休業法にわかれていること、また、自治体職員には「地方公務員の育児休業等に関する法律」が別途定められている一方で、自治体職員に関するマタハラ（パタハラ）の防止義務の規定は育児・介護休業法に置かれていることなど複雑な法体系となっています。全体像を法令に沿って解説すると複雑すぎて理解を困難にさせてしまうことから、本書ではあえて法令に沿った詳しい記述を避けてポイントだけを示すこととします。）

Point

・マタハラ（パタハラ）は和製英語である。
・マタハラ（パタハラ）は妊娠・出産、育児等に関するハラスメントであり、男性も被害者になり得る。
・比較的馴染みが薄いハラスメントであるが、以前から法令で定められたハラスメントである。
・マタハラは誰もが加害者になり得るハラスメントであり、パワハラやセクハラと同様に、正しく理解し、防止に努めよう。

2 マタハラ（パタハラ）にならない「業務上の必要性」とは？

●「業務上の必要性」は限定的

「業務上の必要性」がある場合には、マタハラ（パタハラ）に当たらないとされています。ただし、この「業務上の必要性」を正しく理解しておかなければ、全ての言動を「業務上の必要性」があると理解し、結果としてマタハラ（パタハラ）を犯してしまう危険があります。理解のポイントは、この「業務上の必要性」はかなり限定的であるということです。

「業務上の必要性」と「妊娠・出産、育児等の制度を利用して行う必要がある行為」の両者を総合的に勘案して判断する必要があります。例えば、妊娠中の女性職員に対して医師から休職の指示があった場合は、当然のことながらすぐに休職する必要があります。そのような場合に、「業務が回らない」という理由だけで休職を妨げるような行為は、「業務上の必要性」があるとは認められずマタハラ（パタハラ）になります。

●休みを妨げるような言動に注意

このようなケースについて厚生労働省は、休職等の緊急性、重要性が高い場合には、「業務上の必要性」自体がなくなると解説します。しかし、これは大変わかりにくい解説と言わざるを得ません。確かに、法令の文言に沿って解説するとこうなるのですが、それよりも、休職の緊急性、重要性が高い場合は、たとえ「業務上の必要性」があったとしても休職を妨げるような言動はハラスメントとなり得ると素直に理解した方がわかりやすいと思われます。

いずれにせよ、決して「業務上の必要性さえあればいかなる場合もハラスメントとはならない」と間違って理解してはいけません。

それでは、「業務上の必要性からマタハラ（パタハラ）に当たらない」場合とは、どのような場合でしょうか。それは、定期妊婦検診などある程度日程を調整することが可能なものについて、上司が時期をずらすことが可能かどうかを確認するような場合です。このような言動はハラスメントにはなりません。つまり、「業務上の必要性」と「職員の権利保護」を両立させるための言動はハラスメントにはならないが、職員の権利を根本的に侵害するような言動はたとえ業務上の必要性があってもハラスメントに該当するおそれがあると理解しておきましょう。

Point

・マタハラ（パタハラ）に当たらない「業務上の必要性」がある場合を広く理解してはならない。
・業務上の必要性から、職員に制度利用の時期変更を求める言動は、職員の権利を侵害しない範囲で認められる。
・たとえ「業務上の必要性」があったとしても、制度の利用を根本的に妨げるような言動はハラスメントになり得ることに注意しよう。

3 「制度等の利用への嫌がらせ型」マタハラ（パタハラ）とは?

どこまでがマタハラ（パタハラ）に当たるかを理解するには、マタハラ（パタハラ）には大きく二つの型（タイプ）があることを理解した上で、上司による場合と同僚による場合に分けて理解しておく必要があります。

●上司と同僚で基準が違う

大きく二つにわかれる型（タイプ）の一つ目は、「制度等の利用への嫌がらせ型」です。これは、「**法令等で取得する権利が保障されている制度の利用に関する嫌がらせなどの言動で、就業環境が害される場合**」です。ハラスメントになり得る言動は、上司だけでなく、同僚の言動も含まれますが、ハラスメントになるかどうかの基準は上司と同僚で異なります。

まず、「部下の制度利用に関して「上司」が不利益な取扱いを示唆する言動」は一度でもハラスメントになり得ます。

次に、「制度利用の請求等又は制度等の利用を阻害する言動」もハラスメントになり得ます。上司の場合は一度でもハラスメントになり得ますが、同僚の場合は繰り返し又は継続的な場合に限りハラスメントになり得ます。ただし、同僚の場合でも、言われた職員が意に反する旨を同僚に伝えたにもかかわらずさらに言われた場合は、繰り返し又は継続的であることは要しません。つまり、やめるよう言った場合には、その後は一回の言動でもハラスメントになり得ます。

●嫌がらせの言動に注意

最後に、「制度等を利用したことによる嫌がらせなどの言動」もハラスメントになり得ます。ただし、全ての嫌がらせなどの言動がハラスメントになる訳ではありません。直接的な言動であって、客観的にみて就業する上で看過できない限度の支障が生じるようなものに限定されます。この言動は上司、同僚ともに繰り返し又は継続的な場合に限りハラスメントになり得ます。ただし、やめるように言った場合は、その後は一回の言動でもハラスメントになり得ます。

このように、「不利益な取扱いの示唆」「制度利用の阻害」「制度利用後の嫌がらせ」の三つの場合に分かれ、それぞれの場合ごとに「上司」と「同僚」でハラスメントに該当するか否かが微妙に異なります。

場合分けをするとこのように複雑になりますが、部下や同僚の制度利用を妨げるような「広い意味での嫌がらせ的な言動」は広くマタハラ（パタハラ）に該当する可能性があることをまず理解しておきましょう。

そして、制度利用に関して権限を行使できる立場にある上司は一度の言動でもハラスメントになり得ること、また、同僚の場合でも決して繰り返してはいけないことを理解することが肝要です。

Point

・「制度等の利用への嫌がらせ型」とは、「法令等で取得する権利が保障されている制度の利用に関する嫌がらせなどの言動で、就業環境が害されるもの」を指す。

・上司が「制度を利用したら不利益な取扱いをすることを示唆」すれば、一度であってもハラスメントになり得る。

・上司や同僚が、「制度利用の請求等又は制度利用そのものを阻害」すれば、上司は一度、同僚は繰り返し又は継続的であればハラスメントになり得る。

・上司や同僚が、「制度等を利用したことによる嫌がらせ（直接的で看過できない程度就業に支障を与える場合に限る）」をすれば、上司、同僚ともに繰り返し又は継続的な場合にハラスメントになり得る。

4「状態への嫌がらせ型」マタハラ（パタハラ）とは？

マタハラ（パタハラ）には、「制度等の利用への嫌がらせ型」以外に「状態への嫌がらせ型」があります。

●妊娠したこと、出産したことに関する嫌がらせ

「状態への嫌がらせ型」とは、「**妊娠したこと、出産したこと等に関する言動により就業環境が害されるもの**」と定義されます。多くの場合、この「状態への嫌がらせ型」が一般的にマタハラと言われるものに近いイメージだと思われます。

●不利益な取扱いを示唆する

それでは、一般的にマタハラという言葉でイメージする「状態への嫌がらせ型」とは、どの

ようなハラスメントでしょうか。二つの場合に分けることができます。一つ目の場合は、「上司」が「解雇その他不利益な取扱いを示唆する」ことです。一度の言動だけでハラスメントになり得ます。また、制度の利用とは直接的には関係しません（妊娠、出産したことに関する言動が広く含まれますが、直接的な言動に限ります）。これはもちろんのことながら、妊娠・出産等に対する言動なので、相手は女性職員に限定されます。

●直接的な言動

もう一つの場合は、「妊娠したことによって嫌がらせなどをする」ことです。この場合は、上司のみならず、同僚の言動もハラスメントになり得ます。ただし、直接的な言動で、一般的な女性職員であれば能力の発揮や継続的な就業に重要な悪影響が生じるなど、客観的に就業する上で看過できない程度の支障が生じるものに限定されます。この場合は、上司のみならず同僚の言動も対象となりますが、どちらも繰り返し又は継続的な言動をする場合に限ります。ただし本人が嫌であることを伝えた後は一度でもハラスメントになり得ます。

仕事に必要な情報を与えないとか、これまで参加していた会議に参加させないなどの行為も含まれることに注意が必要です。

Point

・「状態への嫌がらせ型」とは、「妊娠・出産したこと等に関する上司や同僚の言動により、妊娠・出産した女性職員の就業環境が害されるもの」をいう。
・上司が「解雇その他不利益な取扱いを示唆」すれば、一度の言動でハラスメントになり得る。
・上司や同僚による「妊娠したことによって嫌がらせなど」については、上司や同僚ともに繰り返し又は継続的な言動をする場合にハラスメントになり得る。

第2章 マタハラ（パタハラ）防止に求められる行動

maternity (paternity) harassment

1 「配慮」にも注意が必要

マタハラ（パタハラ）をしないためには、悪意がなくてもハラスメントになり得ることに注意が必要です。

●業務上の必要性

パワハラやセクハラの場合も、行為者にたとえ悪意がなくてもハラスメントとなることがあります。しかし、マタハラ（パタハラ）の場合はさらに注意が必要になります。「業務上の必要性」

がある場合や「正しい配慮」をする場合は「マタハラ（パタハラ）に該当しない」とされているからです。

しかしたとえ自分としては、「業務上の必要性」があったと判断した、または「正しい配慮」をしたと考えていたとしても、それには「客観性」や「蓋然性」が求められます。「業務上の必要性」を広く理解したり、自分勝手の「正しい配慮」になったりしないよう注意する必要があります。

●相手への配慮が該当することも

「正しい配慮」に関連する言葉に、「マミートラック」という言葉があります。例えば、妊娠を控えた女性職員に対して、本人の意向を確認せず、早く帰ることができるポストに異動させ、結果的にその女性職員のキャリアを断念させてしまうようなケースです。その女性職員に対して「正しい配慮」をしたと考えていたとしても、そこには「客観性」や「蓋然性」があるとは限らず、そのような人事を行った人の「自覚のない偏見」によって、その女性職員にとっては差別的な処遇を強いられる結果となったかもしれません。動機が純粋に「相手への配慮」だとしても、それがマタハラ（パタハラ）になる可能性があることを理解しておきましょう。

Point

・「業務上の必要性」を広く理解しない。
・「正しい配慮」を自分勝手に考えない。
・相手への配慮をしたつもりでも、マタハラ（パタハラ）になる可能性があることに注意する。

2 制度を理解し、積極的に行動する

マタハラ（パタハラ）は、パワハラ、セクハラとは少々性質が異なります。それは、マタハラ（パタハラ）の多くが、法律で保障された労働者としての権利の行使を侵害するような言動をハラスメントと整理している点です。つまり、妊娠・出産、育児等に関する既存の制度と一体的なものと位置付けられており、「権利を侵害するような言動は決して行ってはならない」という言葉で比較的スッキリと理解できるものです。

●制度が複雑

しかしその一方で、制度で保障されている職員の権利の範囲、つまり、妊娠・出産、育児等に関する法律がどのような条件で、どのような権利を認めているかについての十分な知識がないと、権利の範囲内での正当な主張であるか、それとも権利の範囲を超えた正当性の無い主張であるかが判断できません。マタハラ（パタハラ）は、パワハラ、セクハラに比べてハラスメントとなるかならないかの境界線が比較的明確ではあるものの、その境界線を知るためには、妊娠・出産、育児等に関する制度についての知識が必要となるのです。

そのため本来は、日頃から制度をしっかりと理解しておくことが求められますが、ここにももう一つ壁が存在します。それは、妊娠・出産、育児等に関する制度は、あらかじめ全てを頭に入れておくことはほぼ不可能と言えるほど複雑であるという壁です。そこで、現実的な対応としては、制度全般について基礎的な知識を理解するよう努めつつ、実際に部下や同僚が妊娠・出産、育児等の制度を利用することになりそうな場合に改めて詳細を学び、その上で相手に対してハラスメントとなるような言動をしないよう、相手の話を聞いた上で慎重に行動することが考えられます。

●しない、させない

さらに管理職の場合は、二つのことが求められます。一つ目は、もちろん自らマタハラ（パタハラ）をしないこと。そして、もう一つは、同僚の間でマタハラ（パタハラ）が起きないように配慮することです。同僚の間でのマタハラ（パタハラ）を未然に防ぐためには、妊娠・出産、育児等の当事者になった職員が当然の権利を行使することによって周りの職員の負担が増えることに対して、業務を再配分するなどの適切なマネジメントを行うことです。他の職員が権利を行使することによって自分の負担が増えるという思いが時に怒りに近い感情に変わることも残念ながらあります。しかし、その怒りが当事者に向かわないようにするのが管理職の務めです。同僚の間で感情がぶつからないように、全員とコミュニケーションを図り、負担が増す職員に対して労いの言葉をかけ、同僚の間だけで負担を分かち合うのではなく管理職自身も負担を覚悟して、妊娠・出産、育児等の制度を利用する職員が心置きなく権利を行使できるような環境を作る行動が求められます。

妊娠・出産、育児等の制度は、近年、対象者が拡充されて今では多くの職員が「潜在的な制度利用者」と言えます。全員が「お互い様である」と言う気持ちを持つことがハラスメントを防止します。管理職は当事者意識を持って、業務の執行と権利の保護を両立させる積極的なマネジメント行動をとりましょう。

Point

・マタハラ（パタハラ）の境界線は比較的明確であるが、既存の制度と一体的であるためハラスメントをしないためには制度に関する理解が必要である。
・しかし、妊娠・出産、育児等に関する制度は複雑である。
・制度全般について理解するよう努めつつ、実際に部下や同僚が制度を利用することになりそうな状況が発生したら改めて詳細を学び、決して思い込みで行動をしないようにする。
・管理職は、同僚の間でマタハラ（パタハラ）が起きないよう、積極的なマネジメントに努めよう。

COLUMN

働き方改革でハラスメントが増加？

働き方改革とハラスメントは、本来、働き方改革を進めればハラスメントが減るという関係のはずです。しかし、現実には、働き方改革を進めた結果、ハラスメントが増えたという逆の展開もあります。仕事が減らない、人が増えない中で、仕事の見直しをせずに定時退庁だけが至上命令となり、これまで助け合ってきた関係が崩れ、仕事の押し付け合いをするようになったケースさえあります。必要性が無くなった業務を減らし、効率を上げるための改革や改善をした結果、時短が実現したというのが本来の手順であり、いきなり早急に時短だけを求めるとどこかに無理が生じます。それが、ハラスメントという形で現れるのでは、本末転倒と言わざるを得ません。

これまで行われてきた働き方改革が、「組織主導の一律的な強制策」であったことも影響しています。職員が自分のライフサイクル、ライフスタイルに合わせて働き方を選択できる。そんな意味で働き方改革には「多様性」という要素が中心的な概念だったはずです。しかし、一律的な働き方を職員に強制する方法で時短を進めることが、いつの間にか働き方改革の中心的な方策となり、本来、多様性を実現するためには、「規制緩和」が必要だったはずにもかかわらず、実際には「規制強化」が進んだという訳です。

働き方改革を行財政改革の手段と位置付け、民間の例にならって、効率最優先で進めているところもあります。しかし、効率だけを優先させると、余裕がなくなり人間関係をギクシャクさせ、ハラスメントを増やすといった逆スパイラルに陥りかねません。

自治体を始めとして公務組織には、民間と違った使命があります。緊急時には、住民の命を守るための業務が急増します。公務員はエッセンシャルワーカーです。公務組織が、撤退する自由がある民間と同じ発想で、働き方改革という名の下に効率化だけを進めることは危険です。求められる役割を果たせなくなります。

公務員には公務組織の特性に応じた働き方改革が必要です。さもなければ、どこかに無理が生じ、ハラスメントを起こしてしまいかねません。

第5編
相談員に指名されたら

1 基本的な心構え

●相談員に指名された場合の留意点

多くの役所ではハラスメント相談員に指名されると、まずは研修を受けることになります。しかし、その内容はハラスメント防止のルールの説明など、一般職員と同じ内容であったり、逆に、一般的な相談スキルに関する内容だったりすることが少なくありません。そこで、ハラスメント相談員に指名された場合に留意しなければならないポイントに絞って解説します。

まず、基本的な心構えです。

・相談者の立場に立つ

ハラスメントの解決を図るためには、相談者の心に寄り添い、相談者から信頼してもらう必要があります。自分の個人的な価値観で相談者に対して意見したり、説得をしたりしてはいけません。相談者が心を閉ざして、むしろ問題解決を遅らせることになります。

「同調し過ぎてはいけない」ことを強調する専門家もいます。確かに、その場の雰囲気に流され、一方の話だけで何か約束でもしてしまうと間違った期待を抱かせて問題解決の支障となることもあり得ます。しかし、心に寄り添ってくれない相手に人は心を開くことはありません。距離を置いた事務的な対応はやはり問題というべきです。あくまでも親身になって聞くという基本姿勢の中で、「過度な期待を抱かせない」「相談員自身が感情的にならない」ことが大事です。

なぜなら、組織内で指名された相談員はあくまで相談者にとって身内であり、仲間です。そしてカウンセリングの専門家ではなく、組織マネジメントにおける当事者です。「内部の人でさえ自分の話に親身になって聞いてもらえない」となれば、ハラスメントを受けた人の心はますます厳しい状況に追いやられてしまいます。

相談内容がハラスメントという深刻なものであること、そして、相談員は職員であり、仲間であることを踏まえ、相談者の立場に立つことを第一に考えておきましょう。

・迅速に対応する

相談者の中には、ギリギリまで我慢してようやく相談することを決意する職員もいます。そして、相談した後もハラスメントは日々継続する状況にあります。時間とともに被害の深刻度は増していくので、迅速な対応をとることが相談者を救済することにおいて一番大事になります。

・人権を尊重し、秘密を厳守する

相談者の多くは既にハラスメントを受けて心理的に厳しい状況に置かれています。心無い発言で二次被害を与えないように細心の注意を払いましょう。気分を和まそうと思っても「冗談」は禁物です。また、知り得た秘密は厳守して家族、友人も含めて誰にも言わないこと。相談者や行為者が個人的に親しい場合でも、どちらかに肩入れするなど個人的な言動は決して行ってはいけません。相談員として求められる言動に徹することが求められます。

Point

・相談者の立場に立つ。
・迅速に対応する。
・人権を尊重し、秘密を厳守する。

2 相談者への対応

●相談者と向き合う際の留意点

ハラスメント相談員に指名されると最初に直面するのが、どのように相談者と向き合い、問題解決に向けた聴取を行うべきかという課題です。いくつかの留意点があります。

・相談員は二人で行う

極力一対一は避ける必要があります。「言った、言わない」などの食い違いが発生しないよう、客観性を確保するためです。そして相談を受ける際は、質問する相談員と聴取した内容を記録する相談員とに手分けするなど、二人で役割を分担しながら協力して行うことが必要になります。

・相談者が希望する性の相談員が同席する

ハラスメントの多くは複合的です。つまり、同じ行為者がパワハラ、セクハラ、マタハラ（パタハラ）を同時並行的に行うケースも少なくありません。またそうでない場合でも、異性（場合によっては同性）には話しにくい場合があります。

間違ってはいけないのは、決して「同性」の相談者を充てるべきという意味ではないということです。あくまでも、「相談者が希望する性」の相談員を充てるということです（同性の方が話しにくいケースもあります）。

相談員は二人で行うというのが原則です。相談者が特に希望しない場合でも、男女がペアで相談員を務めることが望ましいと言えます。その方が、相談員の無意識な偏見をできるだけ避けて正しく聴取できる利点があります。直接話を聞くのは相談者が希望する性の相談員にするなど相談員の間で協力し、「相談員は二人で行う」ことと「相談者が希望する性の相談員が同席する」ことの二つをできるだけ両立させましょう。

・相談員は相互に連携し協力する

相談員同士はチームワークを発揮することが重要です。相談員は客観性を確保するために二人が原則ですが、二人であることで調整に手間取ったり、また、責任が曖昧になったりして時間を要してはいけません。役割分担は必要ですが、二人とも当事者意識を持って対応しなければなりません。

・秘密を保持できる環境下で実施する

相談を受けるには、場所についても配慮が必要です。相談内容が決して外部に漏れない場所を用意しましょう。

・相談者の希望を理解する

相談員が自分の考えを振り回して、相談者が希望していないような解決策を追い求めてはいけません。仮に正義感からそう思ったとしても、それは相談員の役割ではありません。相談員の役割は「相談者の問題を解決すること」、そして、「一定の条件下で人事当局への橋渡しをすること」です。

もちろん、相談員が相談者の話をまともに取り上げないことは許されません。ただ、同時に大事なことは、事態を大きくすることも許されないということです。「相談者が何を希望しているか」を正しく聴取することが何より重要になります。行為者のハラスメントを止めさせることか、喪失した利益の回復することか、行為者からの謝罪を要求することなのか、人事異動をすることとなのかなど相談者の希望する具体的内容を理解するよう努めましょう。

・緊急性を把握する

相談者の中には心身ともに疲弊してギリギリの状態にある場合も少なくありません。緊急の場合には一刻も早い対応が望まれます。相談者の言葉だけでなく、話しぶり、態度などからも客観的に判断する必要があります（実際には大丈夫でない人が大丈夫と言う場合があります）。

・丁寧に、そして我慢強く聴く

ハラスメントを受けた者にその内容を理路整然と話すよう求めるのは酷です。トラウマとなり、思い出すだけでも心にダメージを受ける者もいます。「質問」がいつの間にか「詰問」とならないように細心の注意を払い、丁寧に、また、我慢強く聴きましょう。それには、「頷き・相づち・繰り返し」が基本です。このコミュニケーションスタイルが相談者を安心させます。相談者の話を遮って話し始めてはいけません。相談員自身の評価は口にせず、ひたすら聴くことに徹することが肝要です。それには、十分な時間を確保しておくことも必要です。せっかちになってはいけません。

・把握すべき事項を網羅する

問題解決のために最低限聴取しておかなければならないこととして、次のような事項があります。聞き漏らさないように注意しましょう。

「行為者との関係」

「いつ、どこで、どのように行われたか」

「行為者に対する対応」
「上司等への相談の有無」
「目撃者の有無」

・聴取した内容を確認する

聴取した内容が、相談者が相談したかった内容と異なり、両者に食い違いがあると問題解決の障害となり得ます。相談者に聴取した記録を書面で示すかその場で復唱するなどして、相談者に確認をとるようにしましょう。

・聴取した記録を厳重に管理する

相談者から聴取した記録は人の目に決して触れないように厳重に保管しておきましょう。相談員同士の連携は必要ですが、メール等のやりとりにはリスクが伴います。相談内容が相談員から漏れることになれば、相談員体制自体が崩壊して機能しなくなります。

Point

相談者からの聴取には、次のことに留意する。
・相談員は二人で行う。
・相談者が希望する性の相談員が同席する。
・相談員は相互に連携し協力する。
・秘密を保持できる環境下で実施する。
・相談者の希望を理解する。
・緊急性を把握する。
・丁寧に、そして我慢強く聴く。
・把握すべき事項を網羅する。
・聴取した内容を確認する。
・聴取した記録を厳重に管理する。

3 行為者への対応

●行為者に対する留意点

個別のハラスメント問題の解決に向けて相談員の立場で的確に対応する際、行為者への対応にも注意が必要になります。間違った対応をすると、状況をむしろ悪化させてしまうので、次のようなことに留意しましょう。

・十分な弁明の機会を提供する

行為者とされる職員から事実関係等を聴取することも相談員に課せられた重要な役割です。しかし、相談員は裁判官ではありません。最終的な判断をする立場にはないことに注意しましょう。行為者とされる職員から聴取することの目的は、相談者から聴取した内容に関する事実関係等を確認するためです。相談員自らが仲裁役までを引き受けてはならないと理解すべきです。

・丁寧に我慢強く耳を傾ける

ハラスメントの行為者とされる職員に対して、相談員自らが腹立たしい感情を持つかもしれません。しかし、先入観を捨てて冷静さを保ち、行為者とされる職員の主張に真摯に耳を傾ける姿勢が大事になります。意外に感じられるかもしれませんが、行為者とされる職員に対する聴取に際して相談員に求められる姿勢は、行為者とされる職員に対する姿勢と基本的に同じであるべきです。相談員が持つ価値観で事実を歪めて捉えないように、行為者とされる職員に対しても丁寧さ、我慢強さが求められるのです。

・確認事項を網羅する

相談員は、相談者、行為者とされる職員の双方から必要な聴取を行う必要がありますが、多くの場合、双方の主張は食い違います。相談員には矛盾点を整理することが求められるのであって、矛盾点を解消することまで求められる訳ではありません。どちらかが嘘をついていると考えて、どちらかの主張を取り下げるように迫る必要はないと理解すべきです。そして、矛盾点を整理することが必要であるとしても、そのためにあまり時間を割いてしまっては本末転倒です。相談者、行為者とされる職員の双方に対する聴取の機会が何度も繰り返されることがないよう、一度の聴取の機会において聞き漏らしがないように注意しましょう。

・報復行為を防止する

処分の可能性をいきなりほのめかすなど、行為者とされる職員が過剰に反応しかねない言動は慎み、問題解決に繋がる多様な対応を念頭において冷静に向き合いましょう。また行為者とされる職員が、相談者が相談を持ち込んだこと自体に腹を立て、相談者に報復をする可能性も否定できません。行為者とされる職員には十分な弁明の機会を用意することを約束して、仮に元々ハラスメントが無かったとしても報復行為をするとその行為自体が問題となり、処分の対象となり得ることを説明しておきましょう。

Point

行為者からの聴取には、次のことに留意する。
・十分な弁明の機会を提供する。
・相談者への対応と同じく、丁寧に我慢強く耳を傾ける。
・過剰反応を未然に防ぎ、報復行為をすることを許さない姿勢を明らかにしておく。

4 問題処理の留意点

●代表的なQ&A

個別の問題をどのように処理すべきかについても迷われることが多いと思います。代表的な疑問点を挙げて、それぞれの対応方法を説明します。

・どこまでが相談員の役割であるか。

相談者の了解を得て人事当局に報告した後は、相談員の役割は全てなくなるのか否かといった疑問です。答えはNOです。原則として、人事当局と協力して引き続き問題解決に向けて行動するようにしましょう。相談者にとって、一番詳しく説明した相談員が問題処理のプロセスから急に姿を消すのでは不安が募ることになります。留意すべきは、人事当局との役割分担です。相談員は、人事当局の判断に必要な情報を提供しなければなりません。しかし、人事上の判断をするのはあくまで人事当局であって、その権限の範囲を犯してはなりません。相談員は裁判官ではないことは、相談者との関係だけでなく、人事当局との関係でも留意すべきポイントです。

・相談者が人事当局への報告を拒否した場合、絶対報告してはならないのか。

原則として、相談員が人事当局へ報告するに際しては、相談者の同意が必要です。それは、相談員だけの判断で全て人事当局に報告することになれば、相談者も身構えて敷居が高くなり、相談員体制が事実上機能しなくなるおそれがあるためです。相談員体制を組織内に設ける目的は、ハラスメントについて気軽に相談できる環境を整備し、ハラスメントの被害が深刻になる前の段階で対応することです。そのため、敷居を低くするためにも人事当局に報告するのは、原則として相談者が望む場合に限定しておく必要があります。

しかし、それはあくまで原則です。相談者が既に心身に深刻な被害を受けている場合は、緊急に人事上の措置が必要なこともあります。例外的な対応として、そのような場合はたとえ相談者が希望していなくても、人事当局へ速やかに報告しましょう。ただし、人事当局には、相談者が同意していない旨を必ず添えて報告し、配慮を求めましょう。

・ハラスメントに明らかに該当しないと思われる場合にはどうすればよいか。

ハラスメントに明らかに該当しないと判断できそうな事案の場合、相談員はどのように対応するべきかという疑問です。相談者が組織的な対応を求め、人事当局への報告を希望している場合は、相談内容を問わず人事当局に報告しなければなりません。一方、相談者が組織的な対応を望んでおらず、あくまで相談員とのやりとりだけを求めている場合は、相談員限りで対応しても構いません。ただし、その場合でも、相談者に対してハラスメントに該当するか否かの個人的な心証を伝えてはなりません。相談者に寄り添い、問題解決に向けてのアドバイスをすることに徹しましょう。

Point

・相談員は人事当局に報告した後も必要に応じて引き続き協力しなければならない。
・人事当局への報告は相談者の同意が原則必要である。ただし、急を要する場合は、相談者が同意していない旨を必ず添えて人事当局に報告しよう。
・ハラスメントに明らかに該当しないと思われる場合においても、相談者が人事当局への報告を希望している場合は、人事当局に報告しなければならない。

5 防止策にかかわる場合の留意点

もし、あなたがハラスメントの防止策にかかわることになった場合、留意すべき点は何か。そのことについてもポイントだけ押さえておきます。(詳細は、「公務員のためのハラスメント防止対策」(ぎょうせい)をご参照ください。)

●防止策の方法

・実態を把握する方法について

職場におけるハラスメントの実態を把握する代表的な方法は、職員全体を対象としたアンケート調査です。また、実態調査に加えて、ハラスメントの防止策の効果についても調査し、検証しましょう。アンケートの結果は、職員にもフィードバックして注意喚起の材料としましょう。ここで注意すべき点は、個別的な救済と実態把握は分けて考えて、アンケートは必ず無記名で行うことです。一石二鳥を考えて記名方式でアンケートを行うと実態は把握できません。

・相談体制の作り方について

直属の上司に相談できない場合を考えて相談体制を作りましょう。相談者の中には、まだ大げさにはしたくない人や人事上の措置を直ちには求めたくない人など様々であり、多様な相談を受け止められるようにすることが重要です。敷居を低くするためには、様々な役職から相談員を指名すること、男女同数を原則とすること、相談したことが周りの人にわからないように相談室を設けるなど配慮することが必要です。そして、一番重要なのは、相談員に十分な研修機会を提供することです。少なくとも相談体制を最初にスタートさせる際は、専門家による正しい研修が必須です。そして、その後も定期的に研修を行いましょう。相談員同士の情報交換の場を設けることも有効な手段です。

・第三者委員会の設置方法について

ハラスメントが発生した際に客観性を確保しつつ適切に対処する手段として、あらかじめ第三者委員会を設置しておく方法もあります。特に、ハラスメントを起こした職員が幹部職員の場合は、中立的に対処したことを明らかにするためにも第三者の関与が必要になります。ただし、「見せかけ」の第三者委員会では逆効果になります。第三者委員会は、メンバーに利害関係者を含まないこと、また、真の専門家を含めることが原則です。責任を問われるかもしれない立場の人が裁く側に立つような第三者委員会は「隠れ蓑」と批判されるだけです。また、法律に詳しいだけでは専門家とは言えません。ハラスメント防止に詳しい専門家をメンバーにしておく必要があります。

・ハラスメントを無くすための人事について

ハラスメントを無くすためには、日頃の人事が重要です。ハラスメントを起こした人は、たとえ業務上高い成果を出したとしても決して高く評価してはいけません。そのような人事をしてしまうと、多くの職員がこの組織は本音ではハラスメントを大きな問題と考えていないと理解してしまいます。「ハラスメントは必要悪」「ダブルスタンダード」という意識が広まるとハラスメントを組織内に蔓延させてしまいます。多少のハラスメントは業務のために仕方がないことだと思う人がいる限り、ハラスメントを根絶することはできません。組織の本気度を示すのは、「人事」です。人事評価項目の中にハラスメントの有無といった項目を入れることも一つのアイデアであり、抑止力としての効果も期待できます。ハラスメントの防止と人事を関連付けて考えておきましょう。

Point

・個別的な救済と実態把握は分けて考える。
・相談体制を機能させるには、相談員に正しい研修を行うことが必須である。
・「隠れ蓑」ではない第三者委員会とするには、ハラスメント防止の専門家もメンバーの一員とすることが不可欠である。
・ハラスメントの行為者を高く評価するような人事をしないことが何より重要である。

第6編

参考資料

1　懲戒処分の指針について（抄）

（平成一二年三月三一日職職―六八　人事院事務総長通知）

最終改正　令和二年四月一日職審―一三一

人事院では、この度、懲戒処分がより一層厳正に行われるよう、任命権者が懲戒処分に付すべきと判断した事案について、処分量定を決定するに当たっての参考に供することを目的として、別紙のとおり懲戒処分の指針を作成しました。

職員の不祥事に対しては、かねて厳正な対応を求めてきたところですが、各省庁におかれては、本指針を踏まえて、更に服務義務違反に対する厳正な対処をお願いいたします。

特に、組織的に行われていると見られる不祥事に対しては、管理監督者の責任を厳正に問う必要があること、また、職務を怠った場合（国家公務員法第八二条第一項第二号）も懲戒処分の対象となることについて、留意されるようお願いします。

以上

別紙

懲戒処分の指針

第1　基本事項

本指針は、代表的な事例を選び、それぞれにおける標準的な懲戒処分の種類を掲げたものである。

具体的な処分量定の決定に当たっては、

① 非違行為の動機、態様及び結果はどのようなものであったか

② 故意又は過失の度合いはどの程度であったか

③ 非違行為を行った職員の職責はどのようなものであったか、その職責は非違行為との関係でどのように評価すべきか

④ 他の職員及び社会に与える影響はどのような

ものであるか

⑤ 過去に非違行為を行っているか

等のほか、適宜、日頃の勤務態度や非違行為後の対応等も含め総合的に考慮の上判断するものとする。

個別の事案の内容によっては、標準例に掲げる処分の種類以外とすることもあり得るところである。例えば、標準例に掲げる処分の種類より重いものとすることが考えられる場合として、

① 非違行為の動機若しくは態様が極めて悪質であるとき又は非違行為の結果が極めて重大であるとき

② 非違行為を行った職員が管理又は監督の地位にあるなどその職責が特に高いとき

③ 非違行為の公務内外に及ぼす影響が特に大きいとき

④ 過去に類似の非違行為を行ったことを理由として懲戒処分を受けたことがあるとき

⑤ 処分の対象となり得る複数の異なる非違行為を行っていたとき

がある。また、例えば、標準例に掲げる処分の種類より軽いものとすることが考えられる場合として、

① 職員が自らの非違行為が発覚する前に自主的に申し出たとき

② 非違行為を行うに至った経緯その他の情状に特に酌量すべきものがあると認められるとき

がある。

なお、標準例に掲げられていない非違行為についても、懲戒処分の対象となり得るものであり、これらについては標準例に掲げる取扱いを参考としつつ判断する。

第2 標準例

1 一般服務関係

(1)～(13) 〔略〕

(14) セクシュアル・ハラスメント（他の者を不快にさせる職場における性的な言動及び他の職員を不快にさせる職場外における性的な言動）

ア 暴行若しくは脅迫を用いてわいせつな行為

をし、又は職場における上司・部下等の関係に基づく影響力を用いることにより強いて性的関係を結び若しくはわいせつな行為をした職員は、免職又は停職とする。

イ　相手の意に反することを認識の上で、わいせつな言辞、性的な内容の電話、性的な内容の手紙・電子メールの送付、身体的接触、つきまとい等の性的な言動（以下「わいせつな言辞等の性的な言動」という。）を繰り返した職員は、停職又は減給とする。この場合においてわいせつな言辞等の性的な言動を執拗に繰り返したことにより相手が強度の心的ストレスの重積による精神疾患に罹患したときは、当該職員は免職又は停職とする。

ウ　相手の意に反することを認識の上で、わいせつな言辞等の性的な言動を行った職員は、減給又は戒告とする。

⒂　パワー・ハラスメント

ア　パワー・ハラスメント（人事院規則一〇―一六（パワー・ハラスメントの防止等）第二条に規定するパワー・ハラスメントをいう。以下同じ。）を行ったことにより、相手に著しい精神的又は身体的な苦痛を与えた職員は、停職、減給又は戒告とする。

イ　パワー・ハラスメントを行ったことについて指導、注意等を受けたにもかかわらず、パワー・ハラスメントを繰り返した職員は、停職又は減給とする。

ウ　パワー・ハラスメントを行ったことにより、相手を強度の心的ストレスの重積による精神疾患に罹（り）患させた職員は、免職、停職又は減給とする。

（注）⒁及び⒂に関する事案について処分を行うに際しては、具体的な行為の態様、悪質性等も情状として考慮の上判断するものとする。

以下〔略〕

2　人事院規則一〇―一六（パワー・ハラスメントの防止等）

令和二年四月一日制定

（趣旨）

第一条　この規則は、人事行政の公正の確保、職員の利益の保護及び職員の能率の発揮を目的として、パワー・ハラスメントの防止のための措置及びパワー・ハラスメントが行われた場合に適切に対応するための措置に関し、必要な事項を定めるものとする。

（定義）

第二条　この規則において、「パワー・ハラスメント」とは、職務に関する優越的な関係を背景として行われる、業務上必要かつ相当な範囲を超える言動であって、職員に精神的若しくは身体的な苦痛を与え、職員の人格若しくは尊厳を害し、又は職員の勤務環境を害することとなるようなものをいう。

（人事院の責務）

第三条　人事院は、パワー・ハラスメントの防止及びパワー・ハラスメントが行われた場合の対応（以下「パワー・ハラスメントの防止等」という。）に関する施策についての企画立案を行うとともに、各省各庁の長がパワー・ハラスメントの防止等のために実施する措置に関する調整、指導及び助言に当たらなければならない。

（各省各庁の長の責務）

第四条　各省各庁の長は、職員がその能率を充分に発揮できるような勤務環境を確保するため、パワー・ハラスメントの防止に関し、必要な措置を講ずるとともに、パワー・ハラスメントが行われた場合においては、必要な措置を迅速かつ適切に講じなければならない。

2　各省各庁の長は、当該各省各庁に属する職員が他の各省各庁に属する職員（以下「他省庁の職員」という。）からパワー・ハラスメントを受けたとされる場合には、当該他省庁の職員に係る各省各庁の長に対し、当該他省庁の職員に対する調査を行うよう要請するとともに、必要に応じて当該他省庁の職員に対する指導等の対応を行うよう求めなければならない。この場合において、当該調査又は対応を行うよう求められた各省各庁の長は、これに応じて必要と認める協力を行わなければならない。

3　各省各庁の長は、パワー・ハラスメントに関する苦情の申出、当該苦情等に係る調査への協力その他パワー・ハラスメントが行われた場合の職員の対応に起因して当該職員が職場において不利益を受けることがないようにしなければならない。

（職員の責務）

第五条　職員は、パワー・ハラスメントをしてはならない。

2　職員は、次条第一項の指針を十分認識して行動するよう努めなければならない。

3　管理又は監督の地位にある職員は、パワー・ハラスメントの防止のため、良好な勤務環境を確保するよう努めるとともに、パワー・ハラスメントに関する苦情の申出及び相談（以下「苦情相談」という。）が職員からなされた場合には、苦情相談に係る問題を解決するため、迅速かつ適切に対処しなければならない。

（職員に対する指針）

第六条　人事院は、パワー・ハラスメントを防止したために職員が認識すべき事項について、指針を定めるものとする。

2　各省各庁の長は、職員に対し、前項の指針の周知徹底を図らなければならない。

（研修等）

第七条　各省各庁の長は、パワー・ハラスメントの防止等のため、職員の意識の啓発及び知識の向上を図らなければならない。

2　各省各庁の長は、パワー・ハラスメントの防止等のため、職員に対し、研修を実施しなければならない。この場合において、特に、新たに職員となった者にパワー・ハラスメントに関する基本的な事項について理解させること並びに昇任した職員にパワー・ハラスメントの防止等に関し昇任後の役職段階ごとに求められる役割及び技能について理解させることに留意するものとする。

3　人事院は、各省各庁の長が前二項の規定により実施する研修等の調整及び指導に当たるとともに、自ら実施することが適当と認められるパワー・ハラスメントの防止等のための研修について計画を立て、その実施に努めるものとする。

（苦情相談への対応）

第八条　各省各庁の長は、人事院の定めるところにより、パワー・ハラスメントに関する苦情相談が職員からなされた場合に対応するため、苦情相談を受ける職員（以下「相談員」という。）を配置し、相談員が苦情相談を受ける日時及び場所を指定する等必要な体制を整備しなければならない。この場合において、各省各庁の長は、苦情相談を受ける体制を職員に対して明示するものとする。

2　相談員は、次条第一項の指針に十分留意して、苦情相談に係る問題を迅速かつ適切に解決するよう努めるものとする。

3　職員は、相談員に対して苦情相談を行うほか、人事院に対しても苦情相談を行うことができる。この場合において、人事院は、苦情相談を行った職員等から事情の聴取を行う等の必要な調査を行い、当該職員等に対して指導、助言及び必要なあっせん等を行うものとする。

（苦情相談に関する指針）

第九条　人事院は、相談員がパワー・ハラスメントに関する苦情相談に対応するに当たり留意すべき事項について、指針を定めるものとする。

2　各省各庁の長は、相談員に対し、前項の指針の周知徹底を図らなければならない。

附　則

（施行期日）

1　この規則は、令和二年六月一日から施行する。

以下〔略〕

3　労働施策総合推進法（労働施策の総合的な推進並びに労働者の雇用の安定及び職業生活の充実等に関する法律）（抄）

（昭和四一年七月二一日
法律第一三二号）

最終改正　令和元年六月五日法律第二四号

（雇用管理上の措置等）

第三十条の二　事業主は、職場において行われる優越的な関係を背景とした言動であつて、業務上必要かつ相当な範囲を超えたものによりその雇用する労働者の就業環境が害されることのないよう、当該労働者からの相談に応じ、適切に対応するために必要な体制の整備その他の雇用管理上必要な措置を講じなければならない。

2　事業主は、労働者が前項の相談を行つたこと又は事業主による当該相談への対応に協力した際に事実を述べたことを理由として、当該労働者に対して解雇その他不利益な取扱いをしてはならない。

3　厚生労働大臣は、前二項の規定に基づき事業主が講ずべき措置等に関して、その適切かつ有効な実施を図るために必要な指針（以下この条において「指針」という。）を定めるものとする。

4　厚生労働大臣は、指針を定めるに当たつては、あらかじめ、労働政策審議会の意見を聴くものとする。

5　厚生労働大臣は、指針を定めたときは、遅滞なく、これを公表するものとする。

6　前二項の規定は、指針の変更について準用する。

（国、事業主及び労働者の責務）

第三十条の三　国は、労働者の就業環境を害する前条第一項に規定する言動を行つてはならないことその他当該言動に起因する問題（以下この条において「優越的言動問題」という。）に対する事業主その他国民一般の関心と理解を深めるため、広報活動、啓発活動その他の措置を講ずるように努めなければならない。

2　事業主は、優越的言動問題に対するその雇用する労働者の関心と理解を深めるとともに、当該労働者が他の労働者に対する言動に必要な注意を払うよう、研修の実施その他の必要な配慮をするほか、国の講ずる前項の措置に協力するように努めなければならない。

3　事業主（その者が法人である場合にあつては、その役員）は、自らも、優越的言動問題に対する関心と理解を深め、労働者に対する言動に必要な注意を払うように努めなければならない。

4　労働者は、優越的言動問題に対する関心と理解を深め、他の労働者に対する言動に必要な注意を払うとともに、事業主の講ずる前条第一項の措置に協力するように努めなければならない。

4　人事院規則一〇―一〇（セクシュアル・ハラスメントの防止等）

最終改正　令和二年四月一日

人事院は、国家公務員法（昭和二二年法律第一二〇号）に基づき、セクシュアル・ハラスメントの防止等に関し次の人事院規則を制定する。

（趣旨）

第一条　この規則は、人事行政の公正の確保、職員の利益の保護及び職員の能率の発揮を目的として、セクシュアル・ハラスメントの防止及び排除のための措置並びにセクシュアル・ハラスメントに起因する問題が生じた場合に適切に対応するための措置に関し、必要な事項を定めるものとする。

（定義）

第二条　この規則において、次の各号に掲げる用語の意義は、当該各号に定めるところによる。

一　セクシュアル・ハラスメント　他の者を不快にさせる職場における性的な言動及び職員が他の職員を不快にさせる職場外における性的な言動

二　セクシュアル・ハラスメントに起因する問題　セクシュアル・ハラスメントのため職員の勤務環境が害されること及びセクシュアル・ハラスメントへの対応に起因して職員がその勤務条件につき不利益を受けること

（人事院の責務）

第三条　人事院は、セクシュアル・ハラスメントの防止等に関する施策についての企画立案を行うとともに、各省各庁の長がセクシュアル・ハラスメントの防止等のために実施する措置に関する調整、指導及び助言に当たらなければならない。

（各省各庁の長の責務）

第四条　各省各庁の長は、職員がその能率を充分に発揮できるような勤務環境を確保するため、セクシュアル・ハラスメントの防止及び排除に関し、必要な措置を講ずるとともに、セクシュアル・ハラスメントに起因する問題が生じた場合においては、必要な措置を迅速かつ適切に講じなければならない。

2　各省各庁の長は、当該各省各庁に属する職員が他の各省各庁に属する職員（以下「他省庁の職員」という。）からセクシュアル・ハラスメントを受けたとされる場合には、当該他省庁の職員に係る各省各庁の長に対し、当該他省庁の職員に対する調査を行うよう要請するとともに、必要に応じて当該他省庁の職員に対する指導等の対応を行うよう求めなければならない。この場合において、当該調査又は対応を行うよう求められた各省各庁の長は、これに応じて必要と認める協力を行わなければならない。

3　各省各庁の長は、セクシュアル・ハラスメントに関する苦情の申出、当該苦情等に係る調査への協力その他セクシュアル・ハラスメントに対する職員の対応に起因して当該職員が職場において不利益を受けることがないようにしなければならない。

（職員の責務）

第五条　職員は、セクシュアル・ハラスメントをしてはならない。

2　職員は、次条第一項の指針を十分認識して行動するよう努めなければならない。

3　職員を監督する地位にある者（以下「監督者」という。）は、良好な勤務環境を確保するため、日常の執務を通じた指導等によりセクシュアル・ハラスメントの防止及び排除に努めるとともに、セクシュアル・ハラスメントに起因する問題が生じた場合には、迅速かつ適切に対処しなければならない。

（職員に対する指針）

第六条　人事院は、セクシュアル・ハラスメントをなくするために職員が認識すべき事項について、指針を定めるものとする。

2　各省各庁の長は、職員に対し、前項の指針の周知徹底を図らなければならない。

（研修等）

第七条　各省各庁の長は、セクシュアル・ハラスメントの防止等のため、職員の意識の啓発及び知識の向上を図らなければならない。

2　各省各庁の長は、セクシュアル・ハラスメントの防止等のため、職員に対し、研修を実施しなければならない。この場合において、特に、新たに職員となった者にセクシュアル・ハラスメントに関する基本的な事項について理解させること並びに新たに監督者となった職員その他職責等を考慮して人事院が定める職員にセクシュアル・ハラスメントの防止等に関しその求められる役割及び技能について理解させることに留意するものとする。

3　人事院は、各省各庁の長が前二項の規定により実施する研修等の調整及び指導に当たるとともに、自ら実施することが適当と認められるセクシュアル・ハラスメントの防止等のための研修について計画を立て、その実施に努めるものとする。

（苦情相談への対応）

第八条　各省各庁の長は、人事院の定めるところにより、セクシュアル・ハラスメントに関する苦情の申出及び相談（以下「苦情相談」という。）が職員からなされた場合に対応するため、苦情相談を受ける職員（以下「相談員」という。）を配置し、相談員が苦情相談を受ける日時及び場所を指定する等必要な体制を整備しなければならない。この場合において、各省各庁の長は、苦情相談を受ける体制を職員に対して明示するものとする。

2　相談員は、苦情相談に係る問題の事実関係の確認及び当該苦情相談に係る当事者に対する助言等により、当該問題を迅速かつ適切に解決するよう努めるものとする。この場合において、相談員は、次条第一項の指針に十分留意しなければならない。

3 職員は、相談員に対して苦情相談を行うほか、人事院に対しても苦情相談を行うことができる。この場合において、人事院は、苦情相談を行った職員等から事情の聴取を行う等の必要な調査を行い、当該職員等に対して指導、助言及び必要なあっせん等を行うものとする。

4 人事院は、職員以外の者であって職員からセクシュアル・ハラスメントを受けたと思料するものからの苦情相談を受けるものとし、当該苦情相談の迅速かつ適切な処理を行わせるため、人事院事務総局の職員のうちから、当該苦情相談を受けて処理する者をセクシュアル・ハラスメント相談員として指名するものとする。この場合において、当該苦情相談の処理については、規則一三—五（職員からの苦情相談）第四条（第三項を除く。）から第九条までの規定の例による。

（苦情相談に関する指針）

第九条 人事院は、相談員がセクシュアル・ハラスメントに関する苦情相談に対応するに当たり留意すべき事項について、指針を定めるものとする。

2 各省各庁の長は、相談員に対し、前項の指針の周知徹底を図らなければならない。

附 則

この規則は、令和二年六月一日から施行する。

5 人事院規則一〇―一五（妊娠、出産、育児又は介護に関するハラスメントの防止等）

最終改正　令和二年四月一日

人事院は、国家公務員法に基づき、妊娠、出産、育児又は介護に関するハラスメントの防止等に関し次の人事院規則を制定する。

（趣旨）

第一条　この規則は、人事行政の公正の確保、職員の利益の保護及び職員の能率の発揮を目的として、妊娠、出産、育児又は介護に関するハラスメントの防止のための措置及び妊娠、出産、育児又は介護に関するハラスメントが生じた場合に適切に対応するための措置に関し、必要な事項を定めるものとする。

（定義）

第二条　この規則において、「妊娠、出産、育児又は介護に関するハラスメント」とは、職場における次に掲げるものをいう。

一　職員に対する次に掲げる事由に関する言動により当該職員の勤務環境が害されること。

イ　妊娠したこと。

ロ　出産したこと。

ハ　妊娠又は出産に起因する症状により勤務することができないこと若しくはできなかったこと又は能率が低下したこと。

二　職員に対する次に掲げる妊娠又は出産に関する制度又は措置の利用に関する言動により当該職員の勤務環境が害されること。

イ　規則一〇―七（女子職員及び年少職員の健康、安全及び福祉）第三条第一項の規定により妊娠、出産、哺育等に有害な業務に就かせないこと。

ロ　規則一〇―七第四条の規定により深夜勤務又は正規の勤務時間等以外の時間における勤務をさせないこと。

ハ　規則一〇―七第五条の規定による保健指導

又は健康診査を受けるため勤務しないこと。
ニ　規則一〇―七第六条第一項の規定により業務を軽減し、又は他の軽易な業務に就かせること。
ホ　規則一〇―七第六条第二項の規定による休息し、又は補食するため勤務しないこと。
ヘ　規則一〇―七第七条の規定による正規の勤務時間等の始め又は終わりにおいて勤務しないこと。
ト　規則一五―一四（職員の勤務時間、休日及び休暇）第二十二条第一項第六号又は規則一五―一五（非常勤職員の勤務時間及び休暇）第四条第二項第一号の規定による六週間（多胎妊娠の場合にあっては、十四週間）以内に出産する予定である場合の休暇
チ　規則一五―一四第二十二条第一項第七号又は規則一五―一五第四条第二項第二号の規定による出産した場合の休暇
リ　規則一五―一四第二十二条第一項第八号又は規則一五―一五第四条第二項第三号の規定による保育のために必要と認められる授乳等を行う場合の休暇
ヌ　規則一五―一四第二十二条第一項第九号の規定による妻の出産に伴う休暇
ル　規則一五―一五第四条第二項第九号の規定による保健指導又は健康診査に基づく指導事項を守るための休暇
ヲ　イからルまでに掲げるもののほか、人事院の定める妊娠又は出産に関する制度又は措置
三　職員に対する次に掲げる育児に関する制度又は措置の利用に関する言動により当該職員の勤務環境が害されること。
イ　育児休業法第三条第一項に規定する育児休業
ロ　育児休業法第十二条第一項に規定する育児短時間勤務
ハ　育児休業法第二十六条第一項に規定する育児時間

ニ 勤務時間法第六条第四項の規定により週休日を設け、及び勤務時間を割り振ること。
ホ 規則一〇―一一（育児又は介護を行う職員の早出遅出勤務並びに深夜勤務及び超過勤務の制限）第三条の規定により早出遅出勤務をさせること。
ヘ 規則一〇―一一第六条の規定により深夜勤務をさせないこと。
ト 規則一〇―一一第九条又は第十条の規定により超過勤務をさせないこと。
チ 規則一五―一四第二十二条第一項第十号の規定による子の養育のための休暇
リ 規則一五―一四第二十二条第一項第十一号又は規則一五―一五第四条第二項第四号の規定による子の看護のための休暇
ヌ イからリまでに掲げるもののほか、人事院の定める育児に関する制度又は措置
四 職員に対する次に掲げる介護に関する制度又は措置の利用に関する言動により当該職員の勤務環境が害されること。
イ 勤務時間法第六条第四項の規定により週休日を設け、及び勤務時間を割り振ること。
ロ 勤務時間法第二十条第一項に規定する介護休暇又は規則一五―一五第四条第二項第六号の規定による要介護者の介護をするための休暇
ハ 勤務時間法第二十条の二第一項に規定する介護時間又は規則一五―一五第四条第二項第七号の規定による要介護者の介護をするための休暇
ニ 規則一〇―一一第十三条の規定により読み替えられた同規則第三条の規定により早出遅出勤務をさせること。
ホ 規則一〇―一一第十三条の規定により読み替えられた同規則第六条の規定により深夜勤務をさせないこと。
ヘ 規則一〇―一一第十三条の規定により読み替えられた同規則第九条又は第十条の規定に

より超過勤務をさせないこと。

ト　規則一五―一四第二十二条第一項第十二号又は規則一五―一五第四条第二項第五号の規定による要介護者の世話を行うための休暇

チ　イからトまでに掲げるもののほか、人事院の定める介護に関する制度又は措置

（人事院の責務）

第三条　人事院は、妊娠、出産、育児又は介護に関するハラスメントの防止及び妊娠、出産、育児又は介護に関するハラスメントが生じた場合の対応（以下「妊娠、出産、育児又は介護に関するハラスメントの防止等」という。）に関する施策についての企画立案を行うとともに、各省各庁の長が妊娠、出産、育児又は介護に関するハラスメントの防止等のために実施する措置に関する調整、指導及び助言に当たらなければならない。

（各省各庁の長の責務）

第四条　各省各庁の長は、職員がその能率を充分に発揮できるような勤務環境を確保するため、妊娠、出産、育児又は介護に関するハラスメントの防止に関し、必要な措置を講ずるとともに、妊娠、出産、育児又は介護に関するハラスメントが生じた場合においては、必要な措置を迅速かつ適切に講じなければならない。

2　各省各庁の長は、当該各省各庁に属する職員が他の各省各庁に属する職員（以下「他省庁の職員」という。）から妊娠、出産、育児又は介護に関するハラスメントを生じさせる言動を受けたとされる場合には、当該他省庁の職員に係る各省各庁の長に対し、当該他省庁の職員に対する調査を行うよう要請するとともに、必要に応じて当該他省庁の職員に対する指導等の対応を行うよう求めなければならない。この場合において、当該調査又は対応を行うよう求められた各省各庁の長は、これに応じて必要と認める協力を行わなければならない。

3　各省各庁の長は、妊娠、出産、育児又は介護に

関するハラスメントに関する苦情の申出、当該苦情等に係る調査への協力その他妊娠、出産、育児又は介護に関するハラスメントが生じた場合の職員の対応に起因して当該職員が職場において不利益を受けることがないようにしなければならない。

（職員の責務）

第五条 職員は、妊娠、出産、育児又は介護に関するハラスメントを生じさせる言動をしてはならない。

2 職員は、次条第一項の指針を十分認識して行動するよう努めなければならない。

3 職員を監督する地位にある者（以下「監督者」という。）は、良好な勤務環境を確保するため、日常の執務を通じた指導等により妊娠、出産、育児又は介護に関するハラスメントの防止に努めるとともに、妊娠、出産、育児又は介護に関するハラスメントが生じた場合には、迅速かつ適切に対応しなければならない。

（職員に対する指針）

第六条 人事院は、妊娠、出産、育児又は介護に関するハラスメントをなくするために職員が認識すべき事項について、指針を定めるものとする。

2 各省各庁の長は、職員に対し、前項の指針の周知徹底を図らなければならない。

（研修等）

第七条 各省各庁の長は、妊娠、出産、育児又は介護に関するハラスメントの防止等のため、職員の意識の啓発及び知識の向上を図らなければならない。

2 各省各庁の長は、妊娠、出産、育児又は介護に関するハラスメントの防止等のため、職員に対し、研修を実施しなければならない。この場合において、特に、新たに職員となった者に妊娠、出産、育児又は介護に関するハラスメントに関する基本的な事項について理解させること並びに新たに監督者となった職員に妊娠、出産、育児又は介護に関するハラスメントの防止等に関しその求められる役割及び技能について理解させることに留意するものとする。

3　人事院は、各省各庁の長が前二項の規定により実施する研修等の調整及び指導に当たるとともに、自ら実施することが適当と認められる妊娠、出産、育児又は介護に関するハラスメントの防止等のための研修について計画を立て、その実施に努めるものとする。

（苦情相談への対応）

第八条　各省各庁の長は、人事院の定めるところにより、妊娠、出産、育児又は介護に関するハラスメントに関する苦情の申出及び相談（以下「苦情相談」という。）が職員からなされた場合に対応するため、苦情相談を受ける職員（以下「相談員」という。）を配置し、相談員が苦情相談を受ける日時及び場所を指定する等必要な体制を整備しなければならない。この場合において、各省各庁の長は、苦情相談を受ける体制を職員に対して明示するものとする。

2　相談員は、苦情相談に係る問題の事実関係の確認及び当該苦情相談に係る当事者に対する助言等により、当該問題を迅速かつ適切に解決するよう努めるものとする。この場合において、相談員は、次条第一項の指針に十分留意しなければならない。

3　職員は、相談員に対して苦情相談を行うほか、人事院に対しても苦情相談を行うことができる。この場合において、人事院は、苦情相談を行った職員等から事情の聴取を行う等の必要な調査を行い、当該職員等に対して指導、助言及び必要なあっせん等を行うものとする。

（苦情相談に関する指針）

第九条　人事院は、相談員が妊娠、出産、育児又は介護に関するハラスメントに関する苦情相談に対応するに当たり留意すべき事項について、指針を定めるものとする。

2　各省各庁の長は、相談員に対し、前項の指針の周知徹底を図らなければならない。

附　則

この規則は、令和二年六月一日から施行する。

6　パワーハラスメントをはじめとする各種ハラスメントの防止に向けた対応について

（令和二年四月二一日総行女第一七号
総務省自治行政局公務員部長通知）

地方公共団体の各任命権者に対しては、「女性の職業生活における活躍の推進に関する法律等の一部を改正する法律」（令和元年法律第二四号。以下「改正法」という。）による改正後の「労働施策の総合的な推進並びに労働者の雇用の安定及び職業生活の充実等に関する法律」（昭和四一年法律第一三二号）、「事業主が職場における優越的な関係を背景とした言動に起因する問題に関して雇用管理上講ずべき措置等についての指針」（令和二年厚生労働省告示第五号。以下「厚生労働省指針」という。）等に基づき、職場におけるパワーハラスメントをはじめとする各種ハラスメントを防止するために雇用管理上講ずべき措置等が適用されることから、令和二年一月一七日付け総行女第一号において、その実施に遺漏のないよう要請しているところです。

今般、人事院において、別添一のとおり「人事院規則一〇—一六（パワー・ハラスメントの防止等）」（以下「規則一〇—一六」という。）の制定等が行われるとともに、別添二のとおり国家公務員に係る「懲戒処分の指針について平成一二年三月三一日職職—六八」の一部改正が行われ、令和二年六月一日から施行されることとなりましたので、情報提供いたします。

公務の職場は各種ハラスメントの防止について模範となるべきであること、職員がその能力を十分に発揮できる勤務環境を保持することによって国民に質の高い行政サービスを提供するためにも各種ハラスメントを防止する必要があることに鑑み、今回制定された人事院規則等の内容も踏まえ、改めて下記事項にご留意の上、各種ハラスメントの防止に向けて適切に対応いただくようお願いいたします。

併せて、改正法及び厚生労働省指針等の内容に関するパンフレット及びリーフレットが以下の厚生労働省のＨＰに掲載されておりますので、これも参考とし、事業主として講ずべき措置等の実施に遺漏のないよう引き続き対応をお願いいたします。

（厚生労働省ホームページ）

https://www.mhlw.go.jp/stf/seisakunitsuite/bunya/koyou_roudou/koyoukintou/seisaku06/index.htmlsaku06/index.html

パンフレット：

https://www.mhlw.go.jp/content/11900000/000611025.pdf

リーフレット：

https://www.mhlw.go.jp/content/11900000/000596904.pdf

各都道府県におかれましては、貴都道府県内の市区町村長長に対してもこの旨周知いただきますようお願いします。

なお、地域の元気創造プラットフォームにおける調査・照会システムを通じて、各市区町村に対して、本通知についての情報提供を行っていることを申し添えます。

本通知は、地方公務員法第五九条（技術的助言）及び地方自治法第二四五条の四（技術的助言）に基づくものです。

記

1　地方公共団体に適用される厚生労働省指針三及び四において示される次の事業主等の責務について改めて認識し、対応に万全を期していただきたいこと。

(1)　事業主たる地方公共団体の各任命権者は、職場におけるパワーハラスメントを行ってはならないことその他職場におけるパワーハラスメント問題に対するその雇用する労働者の関心と理解を深めるとともに、当該労働者が他の労働者（他の事業主が雇用する労働者及び求職者を含む。⑵において同じ。）に対する言動）に対する言動に必要な注意を払うよう、研修その他の必要な配慮をするように努めるほか、パワーハラスメントを防止するため、雇用管理上必要な措置を講じなければならないこと。

特に、事業主たる地方公共団体の各任命権者は、自らもパワーハラスメント問題に対する関心と理解を深め、労働者（他の事業主が雇用する労働者及び求職者を含む。）に対する言動に必要な注意を払うよう努めなければならないこと。

⑵ 労働者は、パワーハラスメント問題に対する関心と理解を深め、他の労働者に対する言動に必要な注意を払うとともに、事業主の講ずる雇用管理上の措置に協力するように努めなければならないこと。

ここでいう「労働者」には、管理又は監督の地位にある職員が当然に含まれる当然に含まれるものであること。

2 規則規則一〇―一六第四条第二項において、各省各庁の長は、当該各省各庁に属する職員が他省庁の職員からパワー・ハラスメントを受けたとされる場合には、当該他省庁の職員に係る各省各庁の長に対し、当該他省庁の職員に関する調査を行うよう要請するとともに、必要に応じて当該他省庁の職員に対する指導等の対応を行うよう求めなければならないとされており、また、この場合において、当該調査又は対応を行うよう求められた各省各庁の長は、これに応じて必要と認める協力を行わなければならないとされていることを踏まえ、地方公共団体においても、他の任命権者と連携の上､同様の取組を推進していただきたいこと。

3　「人事院規則一〇―一六（パワー・ハラスメントの防止等）の運用について令和二年四月一日職職―一四一」以下「人事院通知」という。「第四条関係」において、各省各庁の長の責務に含まれるものとして示されている次の事項については、地方公共団体に適用される厚生労働省指針3の「(1)事業主の責務」中の「研修の実施その他の必要な配慮」に含まれるものと考えられること。

(1)　パワー・ハラスメントの原因や背景となる要因を解消するため、業務体制の整備など、職場や職員の実情に応じ、必要な措置を講ずること。（1の二関係）

(2)　パワー・ハラスメントが職場で行われていないか、又はそのおそれがないか、勤務環境に十分な注意を払うこと。（1の三関係）

4　人事院通知「第四条関係」の1の五においては、各省各庁の長の責務に含まれるものとして、職員が担当する行政サービスの利用者等からの言動で、その対応を打ち切りづらい中で行われるものであって、当該言動を受ける職員の属する省庁の業務の範囲や程度を明らかに超える要求をするものに関する苦情相談があった場合に、組織として対応し、その内容に応じて、迅速かつ適切に職員の救済を図ることが示されていることを踏まえ、地方公共団体においても、同様の対応を行っていただきたいこと。

5　人事院通知「別紙第一」において、「パワー・ハラスメントを防止しパワー・ハラスメントに関する問題を解決するために職員が認識すべき事項についての指針」（以下「職員指針」という。）が示されていることから、厚生労働省指針4の(1)に基づく事業主の方針等の明確化及びその周知・啓発の際の参考としていただきたいこと。

また、方針等の明確化の際には、職員指針第一の一において、職員の基本的な心構えとして、他省庁の職員との関係に十分留意すること（五関係）や職員以外の者に対してもパワー・ハラスメントに類する言動を行ってはならないこと（六関係）が示されていることを踏まえ、これらと同様の方針も併せて示していただきたいこと。

6　人事院通知「第八条関係」においては、苦情相談の対象に含まれるもの（1関係）、体制の整備（2関係）、相談員に対する指導・研修の実施（3関係）等が、また、人事院通知「別紙第二」においては、「パワー・ハラスメントに関する苦情相談に対応するに当たり留意すべき事項についての指針」が示されていることから、地方公共団体における苦情相談への適切な対応に当たっての参考としていただきたいこと。

7　規則一〇―一六第八条第三項において、職員は、相談員に対して苦情相談を行うほか、人事院に対しても苦情相談を行うことができることが明示されており、地方公務員についても、地方公務員法（昭和二五年法律第二六一号）第八条第一項一一号及び同条第二項三号に基づき、人事委員会又は公平委員会に対しても苦情相談ができる旨を職員に周知していただきたいこと。

8　「懲戒処分の指針について」にパワー・ハラスメントに関する標準例が追記され、パワー・ハラスメントの態様等によっては懲戒処分に付されることがあることが示されていることから、地方公共団体の各任命権者は、厚生労働省指針4の(1)ロに基づき、行為者への厳正な対処方針及び対処内容を職場における服務規律等を定めた文書へ規定するに際して、参考としていただきたいこと。

9　規則一〇―一六及び人事院通知の制定等を踏まえ、「人事院規則一〇―一〇（セクシュアル・ハラスメントの防止等）」等の既存のハラスメントに関する取扱いについても改正が行われていることから、上記留意事項も踏まえつつ、適切に対応していただきたいこと。

付録　ハラスメントチェックリスト

ハラスメントを起こさないためには、自分の心の中にある無意識の偏見（アンカンシャス・バイアス）を自覚する必要があります。

自分が持つ「ハラスメントを起こしかねない価値観や行動」を客観視する手段として、チェックしてみてください。

1　パワハラチェックリスト

（価値観）

	セルフチェック
・最近何でもかんでもパワハラと言い過ぎだ。	
・パワハラと思われるぐらいの厳しい体験をさせないと部下は成長しない。	
・部下を褒めすぎると満足してしまって成長しないので滅多に褒めないようにしている。	
・パワハラをしたくはないが、うちの部下の場合はそうしないと動かない。	

（行動）

・部下を30分以上連続して叱ったことがある。	
・叱る時、物を投げたり、机を叩いたりしたことがある。	
・自分の感情を爆発させたことがある。	
・大勢の前で叱ったことがある。	
・叱って部下を泣かせたことがある。	
・自分が原因か分からないが、部下がメンタルダウンしたことがある。	
・上司や同僚から、少し指導が厳しすぎるのではないかと言われたことがある。	
・部下から一切反論されたことがない。	

2　セクハラチェックリスト

（価値観）

・人間関係の潤滑油として時には下ネタなどのジョークを言うことも必要だ。	
・実は何でもセクハラと言う社会が正直理解出来ない。	
・女性と男性は本来違っているのだから、社会における役割も当然違ってしかるべきだ。	

（行動）

・容姿についてコメントすることが多くある。	

・職場の宴会で女性職員に自分の近く又は偉い人の近くに座るよう求めたことがある。	
・女性職員だけにお茶汲みを指示したことがある。	
・異性の職員から相談があると言われ、一対一で食事に誘ったことがある。	
・異性の職員にしつこくメールを送ったことがある。	
・自分の言動に対し「それセクハラ」と言われたことがある。	

3　マタハラ（パタハラ）チェックリスト

（価値観）

・出産休暇や育児休業は、本来、職場の迷惑にならないタイミングで取るべきだ。	
・休暇や休職をする職員は、迷惑をかける上司や同僚に謝罪すべきだ。	
・男性職員の場合は、本当に休暇や休職をする必要があるか疑わしいと思うことがある。	

（行動）

・出産を告げられた職員に、「この忙しい時期に」と言ったことがある。	
・妊娠中の職員に、「妊婦は、早く帰れて良い」と言ったことがある。	
・育児休職を申請した職員に、「できるだけ短くして欲しい」と言ったことがある。	
・妊娠を告げられた職員に、「これを機に辞める選択もある」と言ったことがある。	
・出産や育児に関する制度の具体的内容についてほとんど知らない。	

あとがき

本書は、ハラスメントの防止をマネジメント上の重要課題と位置づけ、公務員一人ひとりが加害者とならないために必要な知識や取るべき行動を出来る限りわかりやすく解説した本です。巷には、公務員に向けたハラスメントの防止に関する情報が意外とありません。主な理由としては、ハラスメントの専門家は公務員制度を知らず、公務員制度の専門家はハラスメントを知らない傾向にあるからです。また、公務員向けの情報誌でさえも一般的なハラスメントの専門家による寄稿で埋め尽くされ、民間企業を前提とした一般論に終始し、公務員（特に大多数を占める自治体職員）がハラスメントの防止について法令上どのような扱いになっているかについて、一切言及がないケースさえ散見されます。公務員がハラスメントに関する一般ルールだけを理解して、公務員のルールが一般ルールよりも格段に厳しいことに職員の皆さんが気が付かず、間違った知識を持ったことが逆に原因となってハラスメントを犯してしまう。そんなことは絶対に避けなければならない。それがこの本を書き下ろした最大の動機です。

ハラスメント防止に必要なことを理解する上で、自治体職員の皆さんには、国家公務員に比べて更に困難が伴います。自治体職員の場合は、一般の法律が適用される上に、「一般の法律が適用除外され独自のルールが適用される国家公務員」と同じ内容の部内規程が適用されるケースがほとんどであるという事情があるためです。本文で何度も述べたとおり、パワハラでは労働施策総合推進法、セクハラでは男女雇用機会均等法が原則適用されます。このように自治体職員には一般法が原則適用されるにもかかわらず、同じ公務員である国家公務員に適用される人事院規則を参考に「公務員向け」ルールが各自治体組織の部内規程として整備され、人事院規則に関する知識が事実上必要となるからです。一方、人事院規則をそのまま代用できるかと言えば、人事院規則はあくまで国家公務員向けに作られたルールなので翻訳が必要となります。

例えば、人事院は労働施策総合推進法のことをパワハラに関する「民間労働法制」と呼び、それとの対比で人事院規則を解説しています。しかし、自治体職員の皆さんには人事院が「民間労働法制」と呼ぶ労働政策総合推進法が原則適用されます。

本書は、国家公務員向けのルールを自治体職員の皆さん向けに正しく翻訳した「翻訳本」でもあります。全ての公務員に向けた本ですが、特に自治体職員の皆さんを意識して書きました。

また私は、民間企業を前提にした一般的な「ハラスメントのマネジメント上の問題分析」を公務組織に当てはめることにも違和感を持っています。
例えば、「ハラスメントは組織的に弱い体制のところに発生する」と言う分析があります。しかし、公務組織の場合、むしろ最も組織的に強化された「組織の中心」部署でハラスメントが多発し、自浄作用も働かない事があります。それは、公務組織の場合「業務の必要性」が拡大解釈され、「公務の特殊性」によってハラスメントに甘くなる体質を持っているからです。このように、公務員の場合、ハラスメントが起きる組織は弱い組織ではなく、むしろ強い職場だったりします。役所では体制がしっかりしている組織の方がむしろそこで働く職員にハラスメントに対する忍耐を求めてしまう傾向があるというのが、私の長年の公務員経験を通じての実感です。

本書はわかりやすさを優先し、公務と民間で大きく内容が異なるパワハラ、セクハラについては、ほとんどの公務員に事実上準用（または適用）されている人事院規則の定めるハラスメント防止のルールを解説しています。「ほとんど」というのは、現在でもごく一部の自治体ではセクハラなどについて人事院規則より甘いルールが定められているからです。しかし、敢えて省略しました。その理由は、現在甘いルールを設けている自治体の部内規程もいずれ厳しい方向に改定される可能性が高いこと、また、たとえ自分が所属する役所のルールが甘いルールであっても、大多数の公務員に適用される厳しいルールを理解して行動することがハラスメントの防止のためには望ましいからです。

今、新型コロナウイルスにより、自治体職員の皆さんを始め公務員はエッセンシャルワーカーとして厳しい環境下で大きな役割が求められています。ハラスメントの無い職場は、正しいマネジメントを実践する「強くて良い職場」を意味します。職員一人ひとりがマネジメントの当事者意識を持ち、お互いを尊重し能力を引き出し合いながら全員が活き活きと働いて住民、国民の期待に応える。そんな職場が多く作られることを祈念してやみません。

令和2年6月

高嶋　直人

◆著者略歴◆

高嶋　直人（たかしま　なおひと）

人事院公務員研修所客員教授
元・人事院公務員研修所主任教授

早稲田大学政治経済学部政治学科卒、人事院採用、外務省在ウイーン日本政府代表部一等書記官、人事院主任法令審査官、同研修指導課長、同国際課長、同総務課長、立命館大学大学院教授、人事院公務員研修所主任教授、財務省財務総合政策研究所研修部長などを経て2019年3月退官。同年4月より研修講師に専念。

財務省、法務省、最高検察庁、国土交通省、農林水産省のほか、自治大学校、市町村アカデミー、JIAM、東北自治研修所、マッセOSAKA、岡山県市町村振興協会、高知人づくり広域連合、佐賀県市町村振興協会、群馬県、彩の国さいたま人づくり広域連合、千葉県自治研修センター、岐阜県、兵庫県、福岡県、佐賀県、高崎市、上尾市、宇都宮市、浦安市、松坂市、京都市、大阪市、豊中市、八尾市、茨木市、泉南市、津山市、美咲町、北九州市等多くの自治体において研修講師、アドバイザーを務める。

主著に『公務員のための人材マネジメントの教科書』、『公務員のためのハラスメント防止対策』、『読めば差がつく！若手公務員の作法』（ぎょうせい）。月刊ガバナンス（ぎょうせい）に『人財を育てる"働きがい"改革』を連載中。

〔連絡先〕naohitonpa@aol.com
URL:http//naohito.biz（公務人材マネジメント研修―高嶋直人のホームページ）

公務員のためのハラスメント"ゼロ"の教科書

令和2年7月15日　第1刷発行
令和6年7月10日　第2刷発行

著　者　高嶋直人

発行所　株式会社 ぎょうせい

〒136-8575　東京都江東区新木場1-18-11
電話　編集　03-6892-6508
営業　03-6892-6666
フリーコール　0120-953-431

〈検印省略〉

URL：https://gyosei.jp

印刷　ぎょうせいデジタル㈱

ISBN978-4-324-10837-6
(5108620-00-000)
〔略号：公務員ハラスメント〕